DELI DELIGHTS 1

```
T U R K E Y B I S C U I T S S
R P I Z Z A E F M A E R C A E
O O B P N B H E D A M O K L G
U T C O O R C E M S T U N M A
T A H R T I I B A C O N N O S
O T E K L E U S H A O P A N U
F O D P I T Q E L E O F L Z A
U S D I T U G O A R J L F K S
X A A E S G Z L K P S E E E N
U L R P S N G I V H E G L S E
A A I N O O N V L I C A K E K
E D I G U I C E S L U B C N C
T W R D P I E S A L A M I I I
A O A I S A V O R Y S Y P W H
G A M M O N X W A L S E L O C
```

BACON	FLAN	QUICHE
BAGEL	GAMMON	SALAMI
BEEF	GATEAUX	SALMON
BISCUITS	GORGONZOLA	SAUCES
BRIE	GOUDA	SAUSAGES
BUTTER	HAM	SAVORY
CAERPHILLY	ICES	SCOTCH EGGS
CAKE	NUTS	SOUPS
CHEDDAR	OLIVES	STILTON
CHICKEN	PICKLE	TOFU
COFFEE	PIES	TROUT
COLESLAW	PIZZA	TURKEY
CREAM	PORK	WINES
DIPS	PORK PIE	
EDAM	POTATO SALAD	

A BIT POLITICAL 2

```
U V X R M A S H V R W E Y A E
J S Z Y A C Q T B M S R Z I T
P C M A N I F E S T O T A P A
L I Q U D F W N D T O G T L T
P T H L A D R I F L Q S N A S
E I S W T G G B L R A D E J R
Y L B M E S S A W H Y S M K P
B O A I D K B C T N T F A R D
B P H O U S E G O R A T I O N
O S D T C E L E H S U M L V F
L F M E C N A I L L A F R W J
T L R V F H R E D R O J A J V
G N I U B J I T Y F K L P C O
K R E B M A H C D A Y H S R T
H J F Y N S I T T I N G Q W E
```

ACT	LAW	SITTING
ALLIANCE	LOBBY	STATE
ASSEMBLY	MANDATE	TORY
AYE	MANIFESTO	VETO
BALLOT	NAY	VOTE
BILL	ORATION	WHIP
CABINET	ORDER	
CHAMBER	PARLIAMENT	
DRAFT	POLITICS	
ELECT	PRIMARY	
HOUSE	SEAT	

SNOOPERS 3

```
L T L O W S T R D U A R F
K T L I A R T W S C H H I
G R L C E A D E O N N E X
S E U R I V I D A T O R E
S W A L I P E P I L S O D
G G I L S L E C R A F I P
E R S L D D E L G G U M S
P D B N E S R V S T C I L
U S I M M I E H A R K T O
H W F H G M I C A D D A M
S T T G R F A F R C E T R
U T E N T A T S L E V E H
H D D Y G Y R R K L T A S
```

CODE
CRAFTY
EVADE
FARCE
FIBS
FIXED
FRAUD
HIDE
HUSH UP
IMITATE
LURK

MASK
RIGGED
SECRET
SHIFTY
SLIP
SMUGGLE
SNOOP
SPIES
STEAL
SWINDLE
TAIL

TRAIL
VEIL
WILES

JOB LOT   4

```
L U E R E Y W A L V W N V
R X T K A A P B M I N E R
O O O I R O U A O T T H Y
T O T D L T I E H E Y U C
C W E C C D W D R A P R C
O N F H A W R I W C I E S
D W E T R E N A R H S R D
R R H S K A J O G E T E R
O X C O R J N T E R R T A
H T R I E U T R O G I A W
T B A J L L N O H L R C E
U N I W C E M S S E I U T
A B A K E R E T N I R P S
```

ACTOR	LAWYER	WARDEN
AIDE	MAID	
AUTHOR	MINER	
BAKER	NURSE	
BROKER	PILOT	
BUTCHER	PRINTER	
CATERER	STEWARD	
CHEF	SURGEON	
CLERK	TEACHER	
COOK	TYPIST	
DOCTOR	VETERINARIAN	

STOCKS & SHAPES 5

```
S C A L E A A H S S W W N R R
H H O S C P A T A D D O A E O
P S E T S S R W E I V E R F T
S R I E E A E O E R Y A F K O
D O E S T C Y R F F A I L L H
N D D S N Y U G F I C H H U P
I I R A E T N U U E T O S S E
F C L A U N N A R R C T S A P
S A R F O D T F P P E E C T T
B P P E S B T E D M J C N O S
I I L E P P I E M O C N I S
T T L I D O V H D U R C N T L
S A V E T I R C N U P I O A A
S L B U D G E T T T A C T R R
T T T E E H P A R G K K E E E
```

ACCOUNT	COSTS	LOSS	SALES
ACTION	DATA	NET	SAVE
ANNUAL	DEBT	NOTE	SCALE
ASSAY	DIVIDE	OFFICER	SHARE
ASSETS	FIND	PAST	SHEET
AUDIT	FUNDS	PHOTO	SPLIT
BALANCE	FUTURE	PRESENT	STARTS
BOARD	GAIN	PROFIT	STOCK
BUDGET	GRAPH	PROJECT	VALUE
CAPITAL	GROWTH	RATIO	WORK
CHIEF	INCOME	REPORT	YEAR
COMPANY	LINE	REVIEW	

MAKE A STOP　6

```
W T A G U N S P U D N T E O L
E X A T C U R S E V I S H U P
H C U B S H E B S E U S O T P
C H E P O S L A A F R T B L B
S N E X D O D G E E W O S A A
E N L O C K S R C F H D N W R
D R C K O L C N S T O P U G R
U U U X C L U D C U A R B E I
L P H S E O B D I O V A B A C
E S I S N U L E E L N E A I A
A E N E S E O N G I L D N L D
B V D V O V C Y S L K I E L E
O E E E R I L H B L O K C M X
L T R R F C V L A G E L L I N
T O U T T T I B I H O R P H T
```

AVERT	DENY	OUTLAW
AVOID	DISBAR	PROHIBIT
BALK	DODGE.	REBEL
BANISH	ELUDE	REFUSE
BARRICADE	ESCHEW	SEVER
BOLT	EVICT	SHUN
BLOCK	EXCLUDE	SHUT
CEASE	FORBID	SNUB
CENSOR	HINDER	SPURN
CENSURE	IGNORE	STOP
CONDEMN	ILLEGAL	SUSPEND
CURSE	ILLICIT	TABOO
DENOUNCE	LOCKS	VETO

HUSH!

```
Y M E G H W O L K A E P S
L L Q O M U R M U R N E A
T A T U O H S T N O D A F
F C E E P W I H T V N C R
O L I S I E H A N E S E D
S G U I A U L I S O D F N
D N Q L N K Q I S R W U W
A I E E I U O H O P R L O
E M B N S N J M U T E D D
R M G T S A Y N O M O R E
T U P S I L E N C E M W P
L H E B M K P U T U H S I
C L D U O L O S T O N T P
```

BE QUIET	PEACEFUL
CALM	PIANISSIMO
DON'T SHOUT	PIPE DOWN
HUMMING	QUIETLY
HUSH NOW	SAY NO MORE
LESS NOISE	SHUT UP
MURMUR	SILENCE
MUTED	SILENT
NO TALKING	SPEAK LOW
NOT SO LOUD!	TREAD SOFTLY
ORDER!	WHISPER

ALL AT SEA 8

```
M S T N E M I D E S M M M A A
A S E S S D O R D N A S E L N
S I F A U I U L A R O C R G U
T T I M W S L L L L L N M A T
E N S S A E E T N U O O A E S
J A H E H N E S S T S A I E U
B L R S O E G D K O N C D E B
A T L L H N L N C C C C G T M
R A A C O I A L H T O N P A A
N B F G U L P O S O O R E N R
A A U E P R R S W P P E B A I
C D D D E S R H S U L L B M N
L L L S L R A E P S K E L P E
E N I H P L O D N D I V E R S
S M I N E R A L S T L A S A B
```

ALGAE	KELP	SALT
ANCHORS	MANATEE	SAND
ATLANTIS	MERMAID	SEAWEED
BARNACLES	MINERALS	SEDIMENT
CORAL	MOLLUSC	SHELLS
CURRENT	MUD	SHIPS
DIVERS	OCTOPUS	SILT
DOLPHIN	PEARLS	SPONGE
DUGONG	PEBBLES	SUBMARINE
EELS	PLANKTON	TREASURE
FISH	REEF	TUNA
JETSAM	ROCKS	WHALE

```
G D Y W H I T E P I G E O N E
R N T E B T N I O P F L O W C
O A I S K E E R C R A E B A L
U L C D H A P T O G M O T R Y
S S R S N F L L O Z I S F A C
E I E K T A A E D Y K A B M L
C T V A E F L E L I O N E K D
R A A M F E E S L G O C E R O
E R E U U R R L W E A U V A O
E N B E F L D C G O X E I P W
K D P I K G E R E N R I L X N
E W E L L S U S W S O C L O E
Y L H C O T Q N H B R S E F V
D N A L S I T A C O J O I K A
S P E A R F I S H V E N H B R
```

Find the American places with animal connections.

BEARCREEK	FOXPARK
BEAVER CITY	GROUSE CREEK
BEEVILLE	HORSE CREEK
BISON	MULESHOE
BUFFALO	RAT ISLAND
CAT ISLAND	RAVENWOOD
CATSKILL	SPEARFISH
COYOTE/WELLS	STURGEON BAY
CROWS LANDING	WHITE PIGEON
DEERFIELD	WOLF POINT
EAGLE LAKE	

IT'S A PUZZLE 10

```
B F S E C A P S D E P M U T S
A C I T P Y R C S E R A U Q S
T S O L U T I O N L M O Y D O
H H A G L S R E T T E L R P L
I I G R X K C I U Q K O A N V
N W R I T E A A Y I W J N D E
K G C D R S C R O S S W O R D
R R N L M A R G A N A W I U Q
R E I O U R O N D B N E T B E
T L S D R E S B E R F H C B R
R I E A D W S N C G A G I E U
E P F U E T N A I G N H D R C
S M T R E T T O J O T R O H S
O O E L Z Z U P L I C N E P B
P C V S R E B M U N Y S W Z O
```

ACROSS	GRID	RIGHT
ANAGRAM	HARD	RUBBER
ANSWER	JOTTER	SHORT
CLUES	LETTERS	SOLUTION
COMPILER	LONG	SOLVE
CROSSWORD	NUMBERS	SPACES
CRYPTIC	OBSCURE	SQUARES
DICTIONARY	PEN	STUMPED
DOWN	PENCIL	TEASER
EASY	PLAIN	THINK
ERASE	POSER	WORDS
FIT	PUZZLE	WRITE
GIANT	QUICK	WRONG

BIRD BRAIN 11

```
E S H R I K E B V C Q C P Q B
P D T L H S L G P E E W I T V
I V C O J I P A D S W A N M D
N I B O R S K Y E K R U T R C
S L Z U F K S L W T S X A A W
Y W Q E P I P O Q R V C I V S
I Y A X R M R I S J U N F N P
H N K V A H R N U T H A T C H
S W L B K O O R A H P F O P E
U A I R E D W I N G K W G L A
R T W N E A U G N I L R A T S
H C I R T S O H V N Y G H K A
T M P M E G Y E R U T L U V N
G N T E R N J K B L I A U Q T
```

NIGHTJAR	REDWING	TAWNY-OWL
NUTHATCH	ROBIN	TEAL
OSTRICH	ROOK	TERN
OWL	SHRIKE	THRUSH
PARAKEET	SISKIN	TOUCAN
PEEWIT	SKUA	TURKEY
PELICAN	SNIPE	VULTURE
PHEASANT	SPARROW	WREN
PINTAIL	STARLING	
QUAIL	STORK	
RAVEN	SWAN	

ABOUT TIME

```
E O V E R T I M E V E C N
M D N S E C O N D I A L N
I A R S M I D D A Y H O E
T Y N O O N R E T F A C B
T U T H G I N N N S L K G
S R N O O N R W U N F W I
O E R U T U F N A N H O B
P A G N I N R O M D O R E
N T W I L I G H T F U K D
T N P A S T E T A D R E T
T I M E S H E E T N N E I
Q M I N U T E H A N D W M
N E N O Y A D A Y T I M E
```

AFTERNOON	MAN-HOUR	SUNSET
BEDTIME	MIDDAY	TIME SHEET
BIG BEN	MINUTE HAND	TWILIGHT
CLOCKWORK	MORNING	WEEK
DAWN	NIGHT	
DAY ONE	NOON	
DAYTIME	OVERTIME	
DIAL	PAST	
FUTURE	POST TIME	
HALF HOUR	SECOND	
HOUR HAND	SUNRISE	

FLOWER PICK 13

```
Z U C A R N A T I O N U V
M I H D U K A P U R C H L
D Y G M P A I L O N G A M
L S P A K T N I E S U X Y
O Y U P R M U E S R Y L D
G V N C O D T N E Z I P A
I U M O S P E L S L U A F
R H C P E I P N Q I I D F
A I F D T P B P I L U T O
M S R A W J A I H A M H D
U H P I Q N C A H C P O I
C M R S S U D R C U L D L
I Y D Y A E P T E E W S Z
```

CARNATION	MAGNOLIA
DAFFODIL	MARIGOLD
DAHLIA	PANSY
DAISY	PEONY
GARDENIA	PETUNIA
HIBISCUS	POPPY
IMPATIENS	POSY
IRIS	ROSE
LAUREL	SWEET PEA
LILAC	TULIP
LILY	

RUGBY TRY

```
F S E L A W P D N A L T O C S
R F Y A L P I H C O N V E R T
L K I E R O C S H E C N A R F
W C R D E K N U C M A M Q P S
S A E K R L O P U A J G O A L
I P L C O A K R O T T S D M L
R Y A I B Y C C T C T T N A A
A T N K R S O E A H U U A H B
P L D T W I N G L T N O L N E
N A G C S T K F A T D E G E E
I N H S E M O H Y M S N N K R
L E A A Y B G U R M E I E C E
B P M N I W O R H T M L H I F
U S T H G I R P U V E U X W E
D D L E I F Y A R R U M D T R
```

BALL	LINE OUT	SCOTLAND
CARDIFF	MATCH	SCRUM
CONVERT	MURRAYFIELD	TACKLE
DUBLIN	PACK	TEAMS
DUMMY	PARIS	THROW IN
ENGLAND	PASS	TOUCH
FRANCE	PENALTY	TRY
GAME	PLAY	TWICKENHAM
GOAL	POST	UPRIGHTS
HOME	PUSH	WALES
IRELAND	REFEREE	WHISTLE
KICK	RUGBY	WING
KNOCK ON	SCORE	

A CUT ABOVE 15

```
F P E L B A T E S T A M T B D
F N A E L C G I T Z L N E M Z
Y L I T W Y N H C A E L B O X
D Q A A R K D M F N D C C C I
A H S I L O P A A O R O S B Z
E H S U R B N M E I S V W T V
R P T A H C R I T T V E E E E
Y J R S Y E U R F I S R E C L
W N O I P M S R I D M F P H A
P N C R N E B O L N F E R A C
E A E E L S C R T O R Z R I H
M I D Y P S E I C C T L S R U
W L T R I M A G A Z I N E S R
Q S A D E W O L B L I W I E X
X Y C O O O R T I P S V V T F
```

BLEACH	DRYER	RINSE
BLOW	FANCY	SINK
BRUSH	FEEL	SPECIAL
CARE	FLAIR	SPRAY
CHAIRS	LIFT	STEADY
CHAT	MAGAZINES	STYLES
CLEAN	MATS	SWEEP
COFFEE	MESS	TABLE
COMB	MIRROR	TIMER
CONDITION	NAILS	TINT
COST	PATRON	TIPS
COVER	PERMANENT	WAIT
CURL	PINS	WASH
DATE	POLISH	
DECOR	READY	

ON YOUR FEET 16

```
S S R E N I A R T S O C K S S
M E T S T O B A S R S S G N G
A I L O F I R E N K R E O B O
S T Q U O Z O I D E A T O H L
E T G S M B G E P S G T J H C
O A O N O J U E V N O X E C S
H L S O T T E L I T S C O S S
S F T P B R S L K N C S K L G
W L S I C G L P I F A T L S N
O P I L G E N S A N S O N E I
N U K S W H A I D T S O Y I K
S M S P D C T A D M S B L G C
S P U E C A L S I I H M O D O
W S D O U S E L T B R U N E T
A Y M S R E P P I L S G S W S
```

BEDSOCKS   PLIMSOLLS   SOCKS

BOOTS   PUMPS   SPATS

BROGUES   RIDING BOOTS   STILETTOS

CLOGS   SABOTS   STOCKINGS

CREEPERS   SANDALS   TIGHTS

FLATTIES   SHOES   TRAINERS

GUMBOOTS   SKATES   WEDGIES

LACE-UPS   SKIS   WELLINGTONS

MOCCASINS   SLIP-ONS

MULES   SLIPPERS

NYLONS   SNOWSHOES

MR PRESIDENT 17

```
S H T C E C I F F O L A V O W
P K O S H T R E D R E F G H T
S M E T V S U I E I E C I M E
K A A E L N S D S I V T I N N
L O T C E I N E H I E A O V O
L O T V W A N C R H S E D S I
I T A A M A N E O G C B P S T
H A R M T I T U N R N E V A A
L R O E C R S I O R E O L Y R
O C Y A E E E F M C E K C R U
T O T G F T R A H M S T H A G
I M R L J I O E T Y U Q N M U
P E A E A T S V W Y T S B I A
A D P R N A C I L B U P E R N
C B A I N A V L Y S N N E P I
```

The words in the following grid are all associated with the U.S. President.

AIRFORCE ONE	PENNSYLVANIA/ AVENUE
CAMP/DAVID	PRIMARY
CAPITOL HILL	REPUBLICAN
COMMANDER/ IN-CHIEF	SEAL
CONGRESS	SENATE
CRISIS	SPEECHES
DEMOCRAT	SUMMIT
EAGLE	TALKS
HOTLINE	TREATY
INAUGURATION	VETO
INTERN	VICE
OATH	VOTE
OVAL OFFICE	WAR
PARTY	WHITE HOUSE

CHECK-IN

```
M T C K T E C N Y H S I R E S
T U A O C U N G I T H E X K O
R D L R S E N Y E K W S N A D
O I R T R I H W E O C I R U T
P C O A D I A C T L R E T P L
S M A N C R V L E D L Y H L E
S T A R D G O A T G F O A C B
A L E E O R N H L R A C R F T
P I S W T U G I E L T G F T A
Y S R N A I S E D H O O G Y E
A L O P L R S E G R E U A A S
W C A F O H D I L K A L N T B
N I N E O R L O A F E O N G A
U I O P M F T T A D G R B I E
R N G I S G N I K O M S O N R
```

AIRPORT

ARRIVAL
  LOUNGE

BAGGAGE
  CHECK

BOARDING
  CARD

CAROUSEL

CHECK-IN

CONTROL
  TOWER

CUSTOMS

DELAY

DUTY-FREE
  SHOP

FLIGHT CALL

INFLIGHT
  DRINKS

LANDING

MEAL

NO SMOKING
  SIGN

PASSPORT

PILOT

RUNWAY

SEAT-BELT

STEWARD

STEWARDESS

TAKE-OFF

TAXI

TROLLEY

IN FLIGHT

```
S T A R L I N G N O O L L A B
T W E B A R N O W L W J B U L
A P I R E M A G P I E O T K A
B R O D N O C A Y U H T R F C
T K I M D T I J L Q E A N C K
H L I X O H Y C U R L E W E B
G E S T V S T A F M R C N K I
I F L I E S Q L J W B A G N R
L O V I Z U I U K C L O S O D
O S P A C E S H I P U W J R T
R P I E S O K E O T A C L E D
C S G R L O P R E L O S K H T
I A E N O G E T L B M C E O H
M W O R R A A O E R O B I N O
T E N N I L W E D R O C N O C
```

AEROPLANE	CUCKOO	KITE
ARROW	CURLEW	LARK
BALLOON	DOVE	LINNET
BARN OWL	EAGLE	MAGPIE
BATS	FLIES	MICROLIGHT
BEES	GLIDER	MOSQUITO
BLACKBIRD	HAWK	MOTHS
BUTTERFLIES	HELICOPTER	PIGEON
CONCORDE	HERON	ROBIN
CONDOR	JAY	ROCKET
CROW	JUMBO JET	ROOK

```
Y K N A M E L T N E G Z P
A R R N O B L E Q L C A B
D R A J E T N U O C S I V
P R I N C E Q Q X H H N Y
S T I S A K U Q A A A N R
H H H A T C O Q S I V O E
A D E G L O Q G C X I R I
H M U I I U C I L N M A L
A E I C K N R R G A N B A
A A J R H T K I A Z D J V
D R O L A E E Q M T K I E
A L L P Z S S U L T A N H
E R I U Q S E S T N U O C
```

AMIR	KNIGHT	SHAH
ARISTOCRAT	LAIRD	SHEIK
BARON	LORD	SULTAN
CHEVALIER	NOBLE	VISCOUNT
COUNT	PASHA	
COUNTESS	PATRICIAN	
DUCHESS	PRINCE	
EARL	QUEEN	
ESQUIRE	RANA	
GENTLEMAN	SAHIB	
HIDALGO	SEIGNIOR	

PUT & TAKE

```
T U O E K A T S B U R G N
S Q R E P U T A T I O N O
Q W R E K A T E R A C N T
I R E E K A T N I Q O R U
M E Q E I N P U T I U E P
P T O K P P U T T Y T P U
U U U A A S T A K E T U T
T P T T D P T R E K A T T
A M P S E U E A Q Q K E E
T O U I P T R Q K Q E Q E
I C T M U T F F O E K A T
O K O E T E E T U P S I D
N C N N Y R E K A T R A P
```

All these words feature PUT or TAKE.

CARETAKER

COMPUTATION

COMPUTER

DEPUTY

DISPUTE

GRUBSTAKE

IMPUTATION

INPUT

INTAKE

MISTAKE

OUTPUT

OUTTAKE

PARTAKER

PUT-ON

PUTTEE

PUTTER

PUTTY

REPUTATION

REPUTE

SPUTTER

STAKE

STAKEOUT

SWEEPSTAKES

TAKE-OFF

TAKE-OUT

TAKER

RUGBY TACKLE 22

```
T R E V N O C L L E L K C A T
F B P E W H E M K L A T S N L
R L L N O A C S A L A M E U A
A A A G R J I T O E K B L R O
N N Y L H P E N A L T Y A E G
C O E A T O D M Q M P N W E E
E I R N N O I N U Y B G U R M
C T S D W S S A P R Y R T E I
H A R I D F H E R O C S A F T
C N N W A E T S O P K S F E F
T R D N A L T O C S Y I X R L
I E S T U O E N I L D M C Y A
P T Z S D N A L E R I V M K H
T N S T N I O P A F U F O U L
W I N G S G H C U O T W A R D
```

BALL	KICK	SCOTLAND
CARDIFF	LINE OUT	SCRUM
CONVERT	LOSE	SIDE
DRAW	MATCH	TACKLE
DUMMY	PASS	TALK
ENGLAND	PENALTY	TEAM
FANS	PITCH	THROW
FOUL	PLAYERS	TOUCH
FRANCE	POINTS	TRY
GOAL	POST	WALES
HALF TIME	REFEREE	WIN
INTER-NATIONAL	RUGBY UNION	WINGS
IRELAND	RUN	
	SCORE	

ISLAND HOPPER 23

```
M I J I F C A A C I S R O C H
A L A R L T Y A A B A N E B E
D A V P L L S Z N T I S N O B
A B A A I K O E H G C A R E R
G R M C I R C L T I L K O L I
A U I D E N I M L J N E B B D
S S E S D N A L T E H S S A E
C U I R D T I M Y V D O A E S
A R I F N E U S S N R C C A Y
R P A T S S Q E A A R H R G E
G Y W E I I E L A O T D O Z S
L C A I B R K Y N S I W J D R
A C H I L L U I F N T H A H E
J I Z Y A K M A I X P E M A J
B A F F I N S A M T S I R H C
```

ACHILL	ELBA	MALTA
ANGLESEY	FALKLANDS	MAURITIUS
AZORES	FIJI	MINORCA
BAFFIN	GUERNSEY	ORKNEYS
BALI	HAWAII	RATHLIN
BORNEO	HEBRIDES	RHODE
CAPRI	IBIZA	SARDINIA
CHRISTMAS	JAVA	SCILLIES
CORSICA	JERSEY	SHETLANDS
CYPRUS	MADAGASCAR	SICILY
EASTER	MAJORCA	TASMANIA

HAPPY BIRTHDAY 24

```
T G H T L A E H D O O G R C B
G O A C N P R V C S E W H P R
T I A T E I A A P S E A O E D
N F I S B L N R I Y M M P B R
O F I B T D E R T P W A A S A
I J O G L S P B A Y P E G G C
T N K E E R D G R G K N N T S
P M S N U R N K N A O I R F G
E A T S I E Y I C S T E Y R N
C R G N Y B P S D U A I Y I I
E G K E U P Y S O T N G O E T
R E M F A S N O O L L A B N E
Y L F R S T A H F E N I W D E
S E W H S E V I T A L E R S R
T T S N O I T A R O C E D H G
```

The words in the following grid are associated with birthdays.

AGE	GAMES	RIBBON
BALLOONS	GIFT	SONGS
BOW	GOOD HEALTH	SURPRISE
BUFFET	GREETINGS	TAG
CAKE	CARD	TELEGRAM
CANDLES	HATS	TOAST
CELEBRATION	KISS	TREAT
CHAMPAGNE	OUTING	WINE
DECORATIONS	PARTY	WRAPPING
DRINK	PRESENT	PAPER
FOOD	RECEPTION	
FRIENDS	RELATIVES	

IT'S LOVE

```
Y E M B R A C E S T E A D Y F
C F T L A X E B E T N R F L S
N O S X P H E N H K M E O D S
A N W J T A D G E R I M D A E
F D A A U E I E D S C N D R R
L N I Z R L Y N L R I L D C A
A E N N E M E T U B U L A N C
M S E D F I R S M N A R O S J
E S Y W R A H C O E I I R D P
S A F F E C T I O N S U M Y I
O A I H D Z T U G S Z C L A G
O W R H W O J L A I D R O C L
H X O D M E L P Q T L K Y R E
C U L E R D E T O V E D A F T
I B G K Z R E V O L H O L D B
```

ADMIRE	DEVOTED	HUG
AFFECTION	EMBRACE	IDOLISE
AMIABLE	EMOTION	INFATUATE
ARDENT	ESCORT	KIND
BEAU	EXALT	LOVER
CARESS	FANCY	LOYAL
CARING	FLAME	PASSION
CHOOSE	FONDNESS	RAPTURE
CLASP	FRIEND	STEADY
CORDIAL	GLORIFY	SWAIN
CRUSH	HEART	TENDERNESS
DELIGHT	HOLD	WARM

CLEAN UP

```
E L B I X E L F T E P R A C M
F L O O R P L S L O O T F Y K
Y D B W N G A B R E P A P R R
T N R A E X A T M S D T H E E
P I U L C T A N U E U O S T N
M W S L S B O R C B S D N T A
E E H U L Z F R E E T S I A E
Q R J E Z A E S S E L G A B L
P D E L C D R E T L I F T G C
A R E E N T H G I R P U R U M
R O A I R F L O W G A J U L U
T C L I I N O I T C U S C P U
S Y D S T N E M H C A T T A C
C I R T C E L E H C T I W S A
L E N A P L O R T N O C H L V
```

ADJUSTABLE	CURTAINS	PARTS
AIRFLOW	CYLINDER	PLUG
ASSEMBLE	DIRT	PORTABLE
ATTACHMENTS	DUST	SUCTION
BAGLESS	ELECTRIC	SURFACE
BATTERY	EMPTY	SWITCH
BRUSH	FILTER	TOOLS
CABLE	FLEXIBLE	TUBES
CARPET	FLOOR	UPRIGHT
CONTROL PANEL	HOSE	VACUUM CLEANER
CORD REWIND	NOZZLE	WALL
	PAPER BAG	

```
D T H W L N E V E E L S T
G F D L E I H S S T W U R
T H O B L A T H R O N E T
D T A O L O R P W N C H E
E G W L R T T C E N O K T
S N I M O P H L G W R E D
T H R E M I N A T T S P L
C R E O M N U T H E L I T
K W N E B G H L N O N P W
A R S R E W O L F I M A N
E T T R U M E A T I R O V
R H E L O B E F L D O P T
B D E S N W O L B T E R S
```

BAGS	PIPE
BLOWN	PROOF
BORNE	SHIELD
BREAK	SLEEVE
BURN	SOCK
CHILL	SPRINT
CHIMES	STORM
FALL	SWEPT
FLOWERS	TUNNEL
GAUGE	VANE
MILL	WARD

BOAT HOOKED 28

```
B S L O R S R R F K E C E
O A I O A O I S F I I M L
T R F G P R O T O M S L D
E A E E H R S E S E R H D
P K J R O T C R U I S E A
W S A H O U S N R S O O P
E A C L R H O R T E L I W
A N K R D E S C N L T O E
A C E E R O N A S P B A E
S N T E P T C D I P R D W
T E V L A R E K O I I O P
O I A O S C E N E R Y N W
R R B T A E D W E O N A C
```

ANCHOR	OARS	SIGHTS
BOAT	PADDLE	STERN
BOW	POND	WAKE
CANOE	RIDE	WATER
CRUISE	RIPPLES	
CURRENT	RIVER	
DOCK	ROPE	
FISH	ROW	
LAKE	SCENERY	
LIFEJACKET	SEAT	
MOTOR	SHORE	

DISNEY TIME

```
L I R Y C A P Y O O L A B I L
E R T E A A N A N F L O W E R
M L A K Y I I R T L N L E A J
S R L C M S L G E G Y D A L O
P A S I Y C O B O P U A R B C
J M J M V F R M L T M O C I K
N A A O E E O B A R R U N O N
A D M R K E D O N A L D H T A
R H M N T V T A G W E M D T H
E A I L A U P I L R L U A E K
E T N S L R F O E L M D I P E
H T N P E L O L N B E Y S P R
G E I T O S L R O G P U Y E E
A R E R U A B R U N O K R G H
B P A G E L L E B A R A L C S
```

AMOS
AURORA
BAGHEERA
BALOO
BONGO
BRUNO
CINDERELLA
CLARABELLE
CLEO
CRUELLA DE VILLE
CYRIL
DAISY

DONALD
DUMBO
FIGARO
FLORA
FLOWER
GEPPETTO
GOOFY
GUS
JIMINY
JOCK
KAA
LADY
MAD HATTER

MICKEY
MINNIE
MR SMEE
NANA
PETER PAN
PLUTO
PONGO
SHERE KHAN
THUMPER
TINKERBELL
TRAMP
WART

COURT ORDER 30

```
T A V A U J T W A I V E R T H
G C B E R U N E T E S B S C C
F O A T H R U E T L D R H A J
W V X T T Y V O U C H A Q F C
E E G R C F T H T I M R E P I
J N I X T I W R K B M I P T K
D A C N R M D L E Y C A G E L
L N Y W S O Z R J P N P O S A
E T U T A T S Q E C O U R T G
G C D Y R L M Q I V F R R C E
D B E E N I F S S E P E P A L
U T Y U A V F T E X L L Y S K
J B F L G G W S H U O C L E B
D O C K A F O O R P N D M I L
K A J Z I W H C E B A R Z A W
```

ACT	FEE	RULE
BAR	FINE	STATUTE
BY-LAW	JUDGE	TENURE
CASE	JURY	TEST-CASE
CHAMBERS	LAW	TRIAL
CLAIM	LEGACY	VERDICT
COSTS	LEGAL	VETO
COURT	OATH	VOUCH
COVENANT	PERMIT	WAIVER
DOCK	PROPERTY	WILL
FACT	PROOF	WRIT

HOTEL BOOKING 31

```
N N I Y A D I L O H F S R G D
B R A M A D A N P I B H C R E
I L E T T A Y H O E O E A D S
N N S W I K E R S V S R W J H
O C T V E L A T U M O A D T Y
T O A E T R W W O B R T T W L
L P K S R E B A O D S O E R D
I T I Z S C T D I L I N E L N
H H S T S H O A N R L S A T E
T O E Q O I N N R A O A B L I
M R T U E O V A J R F H W Y R
N N S E T U M R T X S E B S F
D E V E R E Q G A L E O H O M
S N F N O N E C N J T K R C F
P Y L S F E D I W D L R O W G
```

Find these major hotel groups hidden in the grid.

BEST WESTERN

CHEF AND BREWER

COPTHORNE

DE VERE

EDWARDIAN

FORTE

FRIENDLY

GRANADA

HILTON

HOLIDAY INN/
   WORLDWIDE

HYATT

INTER-CON

JARVIS

LANSBURY

MARRIOTT

NOVOTEL

QUEEN'S/
   MOATHOUSES

RAMADA

RESORT

SHERATON

STAKIS

SWALLOW

THISTLE

TOBY

MOTOR RACING 32

```
L Y I E J J N I S P A L Z
X E C L W Y V O E P X J I
J A S V I V F Y I V E S V
P R J E N I L I S S E E Y
O L E N N U T R O W Y N D
S Y G I E I E P T E F I T
I V S N R V G R X R I H O
T H Z V I S A N I C R C O
I D J R S T R E E T S A F
O U D J S R I A L I T M R
N O I P M A H C C P J A J
V L S D W O R C X Z C V Y
I T I U C R I C X E X O L
```

CARS	LAPS	STREETS
CHAMPION	LOUD	TUNNEL
CIRCUIT	MACHINES	WINNER
CROWDS	NOISY	YEARLY
DRIVERS	PACE	
ENGINES	PIT CREWS	
EVENT	POSITION	
EXCITING	RACE	
FAST	ROAR	
FINISH	SPEED	
FIRST	START	

BE BRIEF

```
D F F U R G T T L M N U R
B R A Y T H R R T W N O I
I R T N D T U U O E L L Y
S P I C E E D C X H R E M
D A R S E V E P R T S S S
E L A A K R E P U T R N E
H Y P T H C I N S Q A R Y
S W I F T S C D U P L A T
U T D E N I R I P H H R S
R N D A V O C Y L E T H A
D U R I U K B R I E F L H
T L L G N I S I R P R U S
O B H U R R I E D T H E R
```

BLUNT	RUDE	UNEXPECTED
BRIEF	RUSHED	
BRISK	SHARP	
CURT	SHORT	
DIRECT	SNAPPY	
GRUFF	SPEEDY	
HASTY	SURPRISING	
HURRIED	SWIFT	
QUICK	TERSE	
RAPID	UNCIVIL	
ROUGH	UNEVEN	

INDIAN TAKE-AWAY 34

```
A F S G S U L F D E Z D H H Z
D M W W T C H U T N E Y M T H
A E A O P U N D I T F V N H V
T N D J L G K L H G E I M U S
T D A R A A S R C R H Z A G K
Y N T R B P G D A C H V H H S
Y W E O F B A N D A N N A R B
H E B A B S D U U J C K T T B
S H K A O A A B R B I C M R L
C I M E F O A R T U J A A Z U
R R T A L N P E I N G L M D F
U A C A G G A M R A K I M H J
P J N L R E N M A W G C M O U
E A E E N S R U P H D O J G N
E H A T E E H C J D S E Y P A
```

The English language includes words from many other languages.
The words in the list have their origins in the languages of India.

BANDANNA	JODHPURS	SARI
BANGLE	JUNGLE	SHAMPOO
BUNGALOW	KABOB	SITAR
CALICO	KARMA	THUG
CHEETAH	KHAKI	TODDY
CHINTZ	MAHATMA	VERANDA
CHIT	PAJAMA	YOGA
CHUTNEY	PUNDIT	
CUMMERBUND	RAJAH	
DUNGAREES	RANA	
FAKIR	RANEE	
GURU	RUPEE	

```
S T S E U Q E H C I R D N H E
O C N T C U R G R A N D E D U
N H O O H Q O R G E M R E E T
Y I B W U G N U G B O E N R R
N V L E B E I E O I D E L D I
A A E R N N L N C S X T M O V
Y L G E E T L B K C G O O M T
N R M V S M E D A H A L A G K
O Y E A R S P L G T M E T T N
M R C L N U I R H A D C K O Y
E O E W A B H R A T W N L Q G
R U O I U I O T S W A A U N N
E R Q R G N N A R V V L I O A
C Q U E E N E E E A P K A N R
A C E Y E F E L N A G R O M A
```

ARTHUR	GAWAIN	NOBLE
AVALON	GRAND	PELLINORE
CAMELOT	GUINEVERE	QUEEN
CASTLE	HEROIC	QUESTS
CEREMONY	KING	REIGN
CHIVALRY	KNAVE	RICH
CROWNS	KNIGHTS	ROUND TABLE
DEEDS	LANCELOT	THRONE
ELAINE	LEGEND	TOWER
ENEMY	MERLIN	VIRTUE
EXCALIBUR	MOAT	WAR
FEAST	MODRED	
GALAHAD	MORGAN LE FEY	

DRIVING HAZARDS 36

```
S N A I R T S E D E P P L Y G B
C T M B G O E S E C N A R T N E
N D H S U N U Q F L O O D R I S
S R R G C S O N S L A N G I S T
D B U I I H S R D D A W R D R I
N I R T V L O T W A R O A K E M
I D V E T E C O O Z B D I G V I
W G N E A H R I L P E O N A E L
H N N X R K G E F U Z I U N R D
G I H I S S A I A F K N A T P E
I G T T S R I W R A A L T W A E
H N S S N S O O T Y A R P S R P
I A O E F N O R N X R J T Y K S
S H R O S T E R O S R O R R I M
P C F L E V E L C R O S S I N G
G V E N O H P R A C G F O G G Y
```

BREAK/DOWN

BUS-STOP

CAR PHONE

CONTRAFLOW

DIRTY/MIRRORS

DIVERSION

ENTRANCES

EXITS

FLOOD

FOGGY

FROST

HIGH WINDS

LANE/CHANGING

LEARNER/DRIVER

LEVEL
  CROSSING

OVERTAKING

PARKING

PEDESTRIANS

RAIN

REVERSING

RIGHT TURN

ROADWORKS

ROUNDABOUT

SCHOOL

SNOW

SPEED LIMITS

SPRAY

TRAFFIC-LIGHTS

WRONG/SIGNALS

ZEBRA/CROSSING

BOGGLE WORDS 37

```
A E Z A M Y R E T S Y M X
N N W S E U L C O K G E E
O H S B O G G L E P L N L
I V M W N X V K J P Z J P
T S Q A E E E V R M U O M
S Y T W N R X E V R J Y O
E N M U I A P T E S T Q C
U X L U D A G H Z I R X E
Q P Q N M Y P R W J I V L
U N K G H I Y T A P C G F
I V I K C P U D X M K A F
Z N K E C O D E G V Y M A
E L D D I R E D L I W E B
```

ANAGRAM   GAME   TEST

ANSWER   INQUIRE   TRICKY

BAFFLE   MAZE   UNTANGLE

BEWILDER   MYSTERY

BOGGLE   OUTWIT

CLUES   PERPLEX

CODE   QUESTION

COMPLEX   QUIZ

DECIPHER   RIDDLE

ENIGMA   SOLVE

ENJOY   STUDY

BLANKETY, BLANK 38

```
Q D O B S O L E T E H T O
U E H S I N A V D L C B N
M F W P H K I F I M L B O
C U G O N E D R O I I Y T
M N O R L A N F V O Z U H
U C R A E L C I A A C K I
U T T D X Y O B L B N A N
C L N I T N T H A A Y A G
A F A O I O R P L R N S I
V A C S N W E B M R E L S
M S A H C E L A Z E R O S
F L V O T A B S E N T R I
W D A X H S I L O B A M Z
```

ABOLISH	EXTINCT	VANISH
ABSENT	GONE	VOID
ABYSS	HOLLOW	ZERO
BARE	NIL	ZILCH
BARREN	NIRVANA	
BLANK	NONE	
CHASM	NOTHING	
CLEAR	OBLIVION	
DEAD	OBSOLETE	
DEFUNCT	VACANT	
EMPTY	VACUUM	

TALKATIVE

39

```
G N T L R G T E R A C S T
B H D L V N B A G P V G L
R P G E L N V T C P S G V
E B T Y R E B P E T A R O
C U R W R T T N S J G R T
I T G P U T N S C L I A R
T T V R B D A L T D L J E
E G G N A S R R E K V C D
B E L L O W K D R B D G A
C Y W R N G I L A E V E R
B S A P P H R O S C T G I
G O R B C B V C V S G T T
R Z D T R E S S A G R B U
```

ARGUE	ROAR
ASSERT	SASS
BELLOW	SCARE
CHIDE	SCOLD
DRAWL	TACT
ORATE	TALK
RAIL	TELL
RANT	TIRADE
RAVE	URGE
RECITE	UTTER
REVEAL	YELL

BOOK KEEPING 40

```
C D G E N T R Y T F F I L E L
L R A A S A N U V E U E A L E
L I A T E R P U P C N L I E T
T J N B A N G U O Y D B R M E
R E C E I V E M S C S A D C L
I S A R S G P T T M C Y N S E
A N A U F U T S I L I A T E D
L E X D T I Z E N C L P S Z G
R P Z E D C N T G A S N R S E
J X R C D S A A B I N D E R R
Q E P O O N P R N I A E P O Z
F O O R P R I Z T C F D A R B
H B T P I E C E R B E O P R P
W E C C A N M L F Q U C R E Y
R L E B T O T A L C O S T M O
```

ACCOUNT	FEES	POSTING
ADDS	FILE	PRICE
BALANCE	FINANCE	PRINT
BILL	FORM	PROCEDURE
BINDER	FUNDS	PROOF
CODE	INDEX	RATE
COMPUTER	INPUT	RECEIPT
COST	ITEM	RECEIVE
DATA	LEDGER	RETAIL
DETAIL	LINES	SORTER
ENTRY	LIST	SUBTRACT
ERROR	PAPERS	TOTAL
EXPENSE	PAYABLE	TRIAL

```
Y R W D S B I T T E I R F E P
R A R I B O U A U N I V E R S
E O C A L Z C R I D I Z I J T
V I R N M D E L N L K N A K R
L N Z T O P M U J Y C E E P O
Y E D I L G A W H I A S T V P
K E O B L A L A P S P H E L I
R T K R E Z B L Y R H H E B Z
J Z E N T G I C A L T C W L N
U N G V O Y I Y M C A Z A A O
O I A L L T G Z O R I S U D R
N S P R H E L U T F T T H S B
E O E O B L V Z N S O R T E L
E N L D E T A C I D N R I L E
R E B C Z M S B O W K I O P N
```

Instead of reading in a straight line, each entry has one bend in it.
One word has been marked for you.

APPLECART	INDICATE	SICILY
BALLET	JUMPER	SPRAY GUN
BLASTS	KNOTHOLE	TRIPLE
BOWKNOT	LOGICAL	UNISON
CARIBOU	MARRY	UNIVERSE
DACHSHUND	NAUTICAL	VELVETEEN
DROVER	ORBIT	WAGON
ENGINEER	PACKET	WARBLE
FORTS	POEMS	WILDCAT
FRIENDLY	PRINCIPAL	ZEBRA
GLIDER	RABBIT	ZIGZAG
HELIPORT	SHEEN	

```
M G H R E D C A P B L W O
S T N A D E R I L G K H Y
T N C E D R N A W C H I L
T R A W I K C E A G R T E
R G H E L K P B C N G E S
E R L A J A N O T R H H U
V L D A T E R I E O M O O
E Y C D E A U D P H R U H
F K E R L Y C L R N S S N
D R G S O O T W B E D E E
L G E D A S H M U E D T E
O A R T H W E L G R A S R
G R E E N S B S T G H O G
```

BLACKJACK   RED ANT

BLUE JEANS   REDCAP

BLUES   REDCOAT

CORAL SEA   REDS

GOLD FEVER   RED TAPE

GREENBACK   ROSES

GREEHORN   WHITE HOUSE

GREENHOUSE

GREENS

PINKIE

PINK LADY

MUSICAL GROUPING 43

```
S R E N I L B U D A G E N E S I S W
G R Y D I A D N A B R O S I E H B I
F A O L T A E M E L W D S N A L O N
S P O L I C E A H O L O D D R E N G
S R Z M E B C B L R H S O R C I E S
M U E F A H X E O V E W T T H K Y P
S E P K B H C W J C S I T A E O M I
R R A O E G W A A O S R R E R M O N
E A Y L S E K F B T U U E B S S D K
N S G B N L S E E S R Q X M C H N F
N U I E C R A M A L A H S Q A I S L
I R B E N T O D E A B B A U M E I O
P E R G L C T H E M Q U B E T N R Y
S E M E R P U S P I O F U E X A T D
D O S E S A N T A N A L F N T O T O
Y E S S Y D O E U A B A N S H E E S
```

Find these musical groups from the past and present.

ABBA	DUBLINERS	SEARCHERS
ALL-STARS	ELO	SEEKERS
ANIMALS	ERASURE	SHADOWS
BACHELORS	FACES	SHALAMAR
BAND AID	GENESIS	SLADE
BANSHEES	LINX	SMOKIE
BEACH BOYS	MEAT LOAF	SPINNERS
BEAT	MR BIG	STATUS QUO
BEATLES	NEW WORLD	SUPREMES
BEE GEES	NOLANS	THEM
BLUE MINK	ODYSSEY	TOTO
BONEY M	OPUS	T REX
BROS	PINK FLOYD	UFO
COMETS	POLICE	WHAM
DREAMERS	QUEEN	WHO
DR HOOK	SANTANA	WINGS

FOOTIE FAN

```
E M O O R G N I S S E R D E H
L X F O W N A M S E N I L E C
K P O S T E M I T F L A H R U
C V O W I N G E R Y R R R E O
A E T H C T I P D L E I F F T
T T B R M R B A Q G D P Y E Y
N U A B O F E A A T C T F R T
I T L N O T C N L L A H F R L
W I L U Z T A S R L R G O E A
O T L A U M C T F O D I K D N
R S E O E O I R C S C R C A E
H B G V R F U D T E N P I E P
T U A E L T S I H W P U K H K
D S S A R G H F E D I S F F O
J U G G R E P E E K L A O G B
```

BALL	HEADER	SAVE
CORNER	KICK OFF	SCORE
DRESSING	LINESMAN	SPECTATOR
ROOM	MANAGER	SUBSTITUTE
DUG OUT	NET	TACKLE
FIELD	OFFSIDE	THROW IN
FLAG	PENALTY	TOUCH
FOOTBALL	PITCH	TURF
FOUL	POST	UPRIGHT
GOALKEEPER	RED CARD	WHISTLE
GRASS	REFEREE	WINGER
HALF TIME		

X MARKS THE SPOT 45

```
N H C E G D I R B X A M B
B L O X W I C H P M N G A
E R H L B O E M A H X E H
X O I S A X T H O R P E I
L U F X T I D S A X A R A
E D T A H N L O X F O R D
Y G B T U A X L M I A U E
A L D M O A M B I E L R Y
E J X I F X F E N H U E G
P A A I R J E X S V X T F
S K L X C B R T T D O E L
S A M T H A X T E D R X B
H T U O M X E U R R T E W
```

AJAX	FELIXSTOWE
ARAXA	HALIFAX
AXBRIDGE	HEXHAM
AXMINSTER	HEXTABLE
BEX	LUXOR
BEXHILL	OXFORD
BEXLEY	SAXMUNDHAM
BLOXWICH	SAXTHORPE
BRIXHAM	THAXTED
EXETER	UTTOXETER
EXMOUTH	UXBRIDGE

GET A GRIP

```
P F H G D N E P S U S S H
S S G C H E R I S H S F L
A M E K E E P C S E J E E
L H K I M H R T S F M H M
C M C J Z A W S R B C N M
S B T N D E O R R K I C A
O L R L I P L A I A R L R
C H E A C L C P T N W E T
C C J P C E C E P I G N H
U T L I I E R K E A M C G
P U G R A S P L R H R H U
Y L C G E L D D U C F G H
H C G B M A I N T A I N G
```

BRACE	GRIP	WRING
CHERISH	HUG	
CLASP	KEEP	
CLENCH	MAINTAIN	
CLINCH	OCCUPY	
CLUTCH	POSSESS	
CRADLE	RETAIN	
CUDDLE	SEIZE	
EMBRACE	SUSPEND	
GRAPPLE	TRAMMEL	
GRASP	WIELD	

TUNE FULL 47

```
S P I R I T U A L E Y O C
W Y L K C O R E A B E R O
I R M A I A I R A M T V U
N O E P G S T K P U E A N
G L A T H Y L I N R C H T
N Y I C I O R E T O C S R
I M B H F E N U B R J I Y
E A C A S B R Y A M A E O
R A G S L E A M E R Z N L
O W E U N L R O S E Z M O
C H E P W E U G N O S Y R
S S O O M E D L E Y L H A
C P E N D O T R E C N O C
```

ARIA	OPUS	TUNE
BLUES	OVERTURE	
CAROL	POP	
CONCERTO	RAGTIME	
COUNTRY	ROCK	
FOLK	SCORE	
HYMN	SOLO	
JAZZ	SONG	
LULLABY	SPIRITUAL	
MARCH	SWING	
MEDLEY	SYMPHONY	

ADDED SPICE

```
E D P A P R I K A F C R B S T
R D A L L I N A V G Y U S M A
E J R S K L H Y R A M E S O R
H C S A L T M N B P V Q Y K R
S L L G T R R N C I R R E E A
R O E E A S O J H I E S S V G
E V Y G M M U C T L L T I I O
E E U S A O O M E H F R N N N
S S C N A N N C G E Y G A E O
E N N I A U H I N E E M P G M
H I O G P E C N M R M E E A A
C J E I R S E E G U P T C R D
R R H V N L L I D P C E U F R
O L I V E O I L E M I N T N A
W L M A R J O R A M Y R R U C
```

ALLSPICE	GARLIC	PEPPER
ANISE	GINGER	ROSEMARY
BAY	LEMON	RUE
CARDAMON	MACE	SAGE
CELERY	MARJORAM	SALT
CHERVIL	MINT	SMOKE
CHIVES	MUSTARD	SOY SAUCE
CINNAMON	NUTMEG	SUGAR
CLOVES	OLIVE OIL	TARRAGON
CUMIN	ONION	THYME
CURRY	OREGANO	VANILLA
DILL	PAPRIKA	VINEGAR
FENNEL	PARSLEY	

EYE TEST

```
E X P L O R E G Z P K R N B D
A V Q D O N I F I B R O W S E
G S L A I D A N U M I O E T O
C G X E G N E C Q T Y T B C S
K H F R D G T U S U O Q L E E
E T A G I T S E V N I P A P X
D G B S Q M U V R E E R U S A
T R A C E Q P R E R C W E N M
E U S R U P O E U H O I K I I
B P S U O U R S N L F G T V N
Y D U T S F E B L E Y N A O E
C I R I E E P O R G T R P T N
E Z V N E Y F R A N S A C K E
B Q E Y K I E V U S A E G D D
P R Y W A T C H X G K L O O K
```

ASK	INSPECT	QUIZ
BROWSE	INTERROGATE	RANSACK
CHASE	INVESTIGATE	READ
DELVE	LEARN	ROOT
DIG	LOOK	SCAN
EXAMINE	NOTE	SCRUTINY
EXPLORE	NOTICE	SEARCH
EYE	OBSERVE	SEEK
FERRET	PERUSE	SPY
FOLLOW UP	PORE	STUDY
FORAGE	PROBE	SURVEY
GROPE	PRY	TRACE
HUNT	PURSUE	WATCH
INQUIRE	QUESTION	

AUTHORISED

```
M G O R K I B D R A P P O T S
I M A G Y E R O T S H W A H S
L W I L L I S E P T O A A L N
L S O Y S E P A T I E K R A A
E W R O N W G O C N E K G T Y
R F I T D E O H T S I I C F C
Y E H L R S E R P T T P D E K
E A C T D K L E T T E N N E B
L I R R H E A O A H A R S D O
T A R O E R D R N D Y A K R U
S H V R E M S R I E M O E Y R
E Y C H A Y A R A O I N W D N
I B S E N B E J H W I L D E R
R T C G R H L T A P O P L N N
P N E F S B B Y E S A C O R E
```

Find the thirty-nine authors hidden in the grid.

AYCKBOURN	IBSEN	SARTRE
BARRIE	MERCER	SHAKESPEARE
BECKETT	MILLER	SHAW
BENNETT	O'CASEY	SHERIDAN
BLEASDALE	O'NEILL	STOPPARD
BRECHT	OWEN	STOREY
CHEKHOV	PAGE	SYNGE
COWARD	PINERO	THOMAS
DRYDEN	PINTER	WESKER
FRY	POTTER	WILDE
GALSWORTHY	PRIESTLEY	WILDER
GORKI	RATTIGAN	WILLIS
HART	ROSENTHAL	WOOD

TREASURE QUEST 51

```
H I O C R K R Y E N O M G D O
O D L O I T N U H K S T I E C
M W R I C I A P D H M V L G N
E P F N H F B U R I E D Y I R
T V I S P A R K L E G H S U V
A S O R E V L I S W C L B T E
L D O I A R D N O M A I D F B
S G U L A T I G M N E E O U U
U E R N R W E H D S U M L U D
N J E W E L S P P L A L U N S
F B T K H K K T A P I U U F T
E U T T E G N V S O A O P J O
S O I F O R T U N E F S G A L
J D L A R E M E S S H I P C E
K R G U I R O N H H O C E A N
```

BULLION	GLITTER	RICH
BURIED	HUNT	RUBIES
CHEST	ISLAND	SAPPHIRE
COINS	JEWELS	SEEKER
DIAMOND	LOST	SHINY
DIG	MAP	SHIP
DIVE	METALS	SILVER
EMERALD	MONEY	SPARKLE
FORTUNE	OCEAN	STOLEN
FOUND	PIRATE	SUNKEN
GEMS	PRECIOUS	VALUE

GREEN PIECE 52

```
S S E V A E L S E N I P E D S
T S E V I H C S T N I M V L N
N A U L R E B M U C U C I E R
I R O T P N R E F E M I L I A
A G P C C P O T S T B K O F Y
P R A E P A A S R A C E R S F
F E R E L K C I P O F O O R L
E O S G O R F D R A P E S E O
C S L U S C L M E G D E H V O
U T E I O E A V O C A D O O R
T N Y S A H E M E R A L D L I
T A B S S G T R E S S E D C N
E L P E A S E S T O C K I N G
L P C R A Y O N S T S E R O F
F R A C S N S U G A R A P S A
```

APPLES	FIELD	PARSLEY
ASPARAGUS	FLOORING	PEAR
AVOCADO	FOLIAGE	PEAS
BEAN	FORESTS	PICKLE
CACTUS	FROG	PINES
CHIVES	GRASS	PLANTS
CLOVER	HEDGE	POTS
COAT	HOUSE	ROOF
CRAYON	LEAVES	SCARF
CRESS	LETTUCE	SHAMROCK
CUCUMBER	LIME	STEMS
DESSERT	MINT	STOCKING
EMERALD	OLIVE	TREES
FERN	PAINTS	YARNS

FILM CLIPS

```
S K I C K B O X E R U H N E B
R I T O O T S I E Y S P Y G A
A S Y O L E N G P A O J E L T
W M H K P I I A M A N N I E M
R E A I C G V S I P T E R G A
A T R E I O U E T G N T C D N
T T V M G F R N R U I R O A O
S C E A Y A L Q N N N D L N B
N O Y M M E N E Y R E R L F P
O C M B S C S D T N I A A A O
O O O E I Y U L H C L H S N C
T O U N P N K O U I H E N D O
A N C A E S R R E P P I L F B
L I P H S W A J O M M D H I O
P A T S T E L L A P K I G C R
```

ALIEN	GIGI	PORKY'S
ANNIE	GYPSY	RAMBO
BATMAN	HARVEY	ROBOCOP
BEN-HUR	IMPULSE	ROCKY
BIG	JAWS	SHANE
COCOON	KICKBOXER	STAR WARS
COOKIE	KISMET	STELLA
DIE HARD	MAME	STRIPES
DR. NO	M*A*S*H	TAP
DUNE	NUTS	TOMMY
FLETCH	OLIVER	TOOTSIE
FLIPPER	PATTON	TOP GUN
GANDHI	PICNIC	
GIANT	PLATOON	

SPRING CLEAN 54

```
C H R M B T R E W O H S L
D T O A O R E S T D H E L
R P T C I C W R E T S T A
S H O O L E N T U N C H A
S P R E E E E R I P O R S
D R A P T R A R H S U R B
W N T O G Y R R U C R R U
T L E E S T R W H R O A R
D S N O G L L B M O C H C
S T U R E L O F M R R A S
L Y O D I S I N F E C T R
T O W W L M N T R U E S A
M E Z I L I R E T S B H E
```

BATH	DISINFECT	STERILIZE
BOIL	DUST	SWEEP
BROOM	GROOM	
BRUSH	MOPS	
BUFF	PURE	
CLEAN	RINSE	
CLEAR	SCOUR	
COMB	SCRUB	
CURRY	SHOWER	
DETERGENT	SOAP	

BODY WAIT 55

```
T O N G U E N I H S R B H O T
H M W O P K A C H E S T A S E
U T E A E I I T D Y H C I C Y
H O O E I R L L A E H R R E K
T G H O E S U E E B W N E C K
U C D G T O T L G R D K F N S
O W N T H U M B E O N O B O H
M I O S S T R T K W R L M S S
F K B B A E R N U E H R L E K
C H I N L F E U H M A I Y B N
T N O K E E A E N F M E P S U
O H N H Y H A C L K S Y O S C
O A I H E D A A E M L L R E K
F M T G F A C N U A E C A A L
P A L M H O D G D S K I N F E
```

ABDOMEN	EYES	KNUCKLE	THIGH
ANKLE	FACE	LEG	THUMB
ARM	FINGER	LIP	TOE
BACK	FOOT	MOUTH	TONGUE
CALF	FOREHEAD	NAIL	TOOTH
CHEEK	GUMS	NECK	TRUNK
CHEST	HAIR	NOSE	TUMMY
CHIN	HAND	PALM	WAIST
EAR	HEAD	SHIN	WRIST
ELBOW	HEEL	SHOULDER	
EYEBROW	HIPS	SKIN	
EYELASH	KNEE	SOLE	

```
L E E K Y N I T U M P P G R S
A R E T A W O S K U E U E H A
E R O Q U G H A L E I T I S S
T G U A R I C L D D S P E E H
R H A A R R T L E A W V T U L
O E C Y E B A A M R A A L T E
U L V D O V H B E W M L A Y E
G M D D I V E C G N I D A E H
H U S T O N K F P P U M P S W
R B R I D G E R O I L L I A S
C E Y P E P O S O R H I A X E
R R E A I L T Q U H W S N T P
A T R L I O T R A H C A R E O
F H O A R D R A F T A N R A R
T T S M O G N I G G I R A D W
```

ANCHOR	HATCH	RIGGING
BALLAST	HEADING	ROPES
BERTH	HELM	RUDDER
BRIDGE	HULL	SAIL
CARGO	KEEL	SAILOR
CHART	KNOTS	SHIPWRECK
CRAFT	LINER	STORM
DEEP	MASTER	TROUGH
DIVE	MATES	VOYAGE
DRAFT	MUTINY	WARSHIP
FORWARD	PILOT	WATER
GEAR	PULL	WAVES
GUIDE	PUMPS	WHEEL

BIG DEAL

```
T S I H W E S U O H L L U F M
R V G E G A B B I R C H R F Y
I T P C Q F G S T R A E H M E
A O O S L L L N X S S E M K C
P A N E E U Q U I U D U C C N
P Y T D O L B K S K R O E A E
U E O A L I U S D H A W N J I
E U O P O A R R N J C T W B T
C Q N S S E T A O C F Y O E A
A I R E K O P S M W O T D R P
F Z B O D C E M A G K F E U E
L E J E D N A H I N C I C T T
A B R I D G E L D D A F A C I
E L F F U H S Z B N P C F I U
D P S D R A C G N I Y A L P S
```

ACE	FULL HOUSE	POKER
BEZIQUE	GAME	PONTOON
BLACK	HAND	QUEEN
BRIDGE	HEARTS	RED
CANASTA	JACK	RULES
CLUBS	JOKERS	RUMMY
CRIBBAGE	KING	SHUFFLE
DEAL	PACK OF	SOLO
DIAMONDS	CARDS	SPADES
FACE DOWN	PAIR	SUITE
FACE UP	PATIENCE	WHIST
FIFTY TWO	PICTURE	
FLUSH	PLAYING	
	CARDS	

HAPPY TALK 58

```
J S Q Y M D D C L M Y Y I
O U A J P R E L B K J N K
L N S T Y P T L C O S Q B
L N Y T E X A U I P N I U
Y Y S R G D L H I G X N O
M E D D E R E R L O H H Y
Z F F T Z E E M M J J T A
E M Y R R D H A O X M P N
R E P P I H C C T S E E T
O R P P L S U Q R R N H Y
D R E Y Z L K U K J C I M
A Y P D A L G Y O L V X W
S P A R K L E Y Y R K L M
```

ADORE	INSPIRED	WINSOME
BONNY	JOCULAR	ZESTY
BUOYANT	JOLLY	
CHEERY	JUST GREAT	
CHIPPER	LUCKY	
DELIGHT	MERRY	
ELATED	PEPPY	
ENJOY	PERKY	
FRISKY	SATED	
GLAD	SPARKLE	
HAPPY	SUNNY	

SEVEN UP

```
G Y Y T I R A L C M W S A V E
N L G R N O I T C I F S D T L
I A K O E Z M L A R A E K L T
H T B I L P C C B N E N J E S
S I N C N O T Y C W J O U T I
A G P I N D C I A O Q I N A H
W I P L D O E E L H I L I R T
D D L L E N S S E E B S P B R
Q O O Y T E O L T K A J E I A
U L H D H U I V C R H Q R V M
A A T I C C E P E B B L E D M
L F N G A S D X D L F U G Y A
I F E L Y X R O O D T U O V R
T U M P T E E N X S F Y T I G
Y B A R E Z W H G N I P P I Z
```

ANCIENT	LIONESS	WASHING
BUFFALO	MENTHOL	XERASIA
CLARITY	NOVELTY	YACHTED
DIGITAL	OUTDOOR	ZIPPING
ECOLOGY	PEBBLED	
FICTION	QUALITY	
GRAMMAR	REPTILE	
HELICAL	SEAWEED	
IDYLLIC	THISTLE	
JUNIPER	UMPTEEN	
KINDEST	VIBRATE	

SNOOKERED 60

```
R C R U C I B L E S T F E
E T E S E K E G N T I R Q
K O U K R R N P I T G A P
O H C W A U O I H S N M E
O S K O N E O C P T I E N
N Y L L H L R L S E T N O
S T A L U B L B O K T W I
K E H E E A N A N C O O H
C F C Y B T B E B O P R S
A A D E K R E D I P S B U
L S E C E R R E N R O C C
B R I S G R E E R E F E R
F K T Y N O I S N E T X E
```

When you have completed this puzzle the letters
not used make the name of a snooker player.

BALL	EXTENSION	SCORE
BAULK	FRAME	SNOOKER
BLACK	FREE BALL	SPIDER
BREAK	GREEN	TABLE
BROWN	KICK	TIP
CHALK	PINK	YELLOW
COLOURS	POCKETS	
CORNER	POTTING	
CRUCIBLE	REFEREE	
CUE	REST	
CUSHION	SAFETY SHOT	

SEASIDERS

```
S S W R J D N A T S D N A B C
L T E O R N L L A B H C A E B
D I A V U A G L A S S E S E F
P K L O O S S V N Y G U L L S
A U S O B C E I C U A T O L G
D B N E R E N M I W S B O B S
D U D C A C U E N A S F P X L
L O T R H W D E C K C H A I R
I Y N A A A E D I G R O Y N E
N S L K P U N E P M H R B P A
G E E S E A G D D H R N U R T
T P T D S Y O E J E C U C O H
E L G N I H S Y F U Q A K M C
O C O A S T S E C I D K E R A
T S S U N B A T H E L Y T B Y
```

ARCADE

BANDSTAND

BAY

BEACH

BEACH-BALL

BOATS

BUCKET

BUOY

CHALET

COAST

COVES

DECKCHAIR

DONKEYS

DUNES

FERRY

GLASSES

GROYNE

GULLS

HARBOUR

ICES

LIFEGUARD

LILO

PADDLING

PICNIC

PIER

POOLS

PROM

PUNCH AND
 JUDY

SAND

SANDCASTLE

SEA

SEAWEED

SHELLS

RELIGIOUS ORDER 62

```
P I Y S A L C H U R C H B K O
R K W R D E A N S R E Y A R P
S E O J T S Y O B R I O H C E
P E W O S S E L P E E T S H L
R T R O B O E N A G R O K R S
T A C M T N C V A N L D O I I
P K C U O H M I R I D R O S A
Y N G I Y N R Y E D T A B T Y
R E C I V R E S H D I Y R E W
C E U V A V F Q C E P H E N X
T L S M A S S L A W L C Y I S
N F H N R U T C E L U R A N S
O S I N G I N G R B P U R G E
F L O C K Y A R P R N H P S L
N O N O I T C E L L O C E M B
```

AISLE	FONT	PRAYER BOOK
BELFRY	HASSOCK	PRAYERS
BLESS	HYMN BOOK	PREACHER
CHOIRBOYS	KNEEL	PULPIT
CHRISTENING	LECTURN	SERMON
CHURCH	LESSON	SERVICE
CHURCHYARD	MARRIAGE	SINGING
COLLECTION	MASS	STEEPLE
CRYPT	NAVE	TOWER
CUSHION	ORGAN	VESTRY
DEAN	PEWS	VICAR
FLOCK	PRAY	WEDDING

TABLE TALK

```
P L A C E M A T S P L P S
C M L G E N L E A R L E I
T A B L E S C F U A S P L
H K N A W L O P C S K S V
T H T S E R F E E N E S E
O L P S K O S B R P L O R
L T A S E V I N K W P C W
C L U S P H A T O E U E A
E S E S A P S B A O C C R
L S E T K E T I R S P K E
B A S I A L T P D A T S T
A S N N A L E E S P L A T
T S E C E I P E R T N E C
```

BOWL   PLACES
CENTREPIECE   PLATE
CUP   SALT
DISHES   SAUCER
FORKS   SET
GLASS   SILVERWARE
KNIVES   SPOONS
NAPKINS   TABLE
NEAT   TABLECLOTH
PEPPER
PLACE MATS

IT'S ERIC

```
M B L L E D D I L B Y N K
I L N S E B E D S E R P R
Y O O E G R M R I A O E L
L R D K X I L A I X D Z C
R E R Y F S H N C A O P D
A O U S E T P O B E J N C
B H B N C O A T E S R L A
A Z R I R W S N D I A O R
T A T T N U Q A E P W E M
B O E L L S E C T D K R E
Y R T N O C O O S R I L N
G B A F U T N N A V D E M
O V L U T E S B N I A S H
```

BARKER	HEIDEN
BARNES	IDLE
BEDSER	LIDDELL
BLORE	LUTES
BRISTOW	MORECAMBE
BURDON	PORTER
CANTONA	ROBINSON
CARMEN	STOLTZ
CLAPTON	SYKES
COATES	TABARLY
DIXON	VAN LUSTBADER

ON YOUR MARKS! 65

```
T R A I L Y S R E P L A Y L R
O L E H M E A T O P H L N A T
T I A M O P D D R O A S T E S
M P U I M W R I T I S T A R T
E D L U C A S T R N U M I D E
H N J A O I H T N T C S R E G
T I Y B N R F I N I S H L R L
A W E A O C L F S M I O I A E
U O B W L E H E O E D T T G P
T L U A V E L O P R N P D U S
E H E A T C R D R I N U G P A
L M J N R O R E R I J T R L I
L I A I A A N P R U N N E R O
E L C R C L S T E A H G L E N
B E T E K L A W H A T C R U M
```

ANCHOR	LANE	SPRINT
BATON	LAP	START
CIRCLE	LEG	STRIDE
DASH	MARK	TAPE
DISCUS	MEET	TEAM
FINISH	MILE	THROW
GUN	OFFICIAL	TIMER
HAMMER	POINT	TOE BOARD
HEAT	POLE-VAULT	TRACK
HURDLE	RACE	TRIAL
JAVELIN	RELAY	WALK
JUDGE	RUNNER	WIND
JUMP	SHOT-PUT	

```
E S P I A R T T P R O W L A P A L
L S T O M P U A M A L A I R M M
B A R R G T R E A D D D E B I B
B L A O A A N B R H O D U O L L
O D C V D G A I T L N L L O P E
H I K E R R G A P A A E L E D L
C O L O E O P L W T L R O I R F
R P A T R O L G E P E S R P U F
A M T E G D U R T G I T T M O U
M O S E Y R J T G N S E S O T H
T E L L E W S A I A C P H L O S
O R A B E N T P U N F F U C S Y
D O M N U S S N A N G N I R I A
D U D O D S T R U T T O O F E R
L N F I L E P A C E R N K E R T
E G N A R P R O M E N A D E C S
```

AIRING	LUMBER	ROVE	TOTTER
AMBLE	MARCH	SAUNTER	TOUR
AMBULATE	MEANDER	SCUFF	TRACK
BEAT	OUTING	SHUFFLE	TRAIPSE
CLOMP	PACE	SPIN	TRAMP
FILE	PADDLE	STAGGER	TREAD
FOOT	PARADE	STALK	TREK
GAD	PATH	STEP	TRUDGE
GAIT	PATROL	STOMP	TURN
HIKE	PLOD	STRAGGLE	WADDLE
HOBBLE	PRANCE	STRAY	WANDER
JAUNT	PROMENADE	STRIDE	WEND
LEG	PROWL	STROLL	
LIMP	RANGE	STRUT	
LOPE	ROAM	TODDLE	

IT'S MY PARTY   67

```
F A L A N G E T S I N U M M O C
S L U Q S C O T T I S H D K O B
N E M P T E L H N I E F N N I S
A A F I A N N A F A I L S T A R
C G T W R Z U I B S A E O L I T
I E F I C L J R D O R C L O N N
L N N G O V A L M V U I I E A O
B I U E M N P R A Y A R D J T R
U F N X E H A T E N C N A M I F
P B I Y D R I L C B E D R S O R
E U O N G V G E F P I Z I L N A
R L N U E O G Z E R U L T A A L
O S I P N C L D K Q O E Y I L U
D T S I L A N O I T A N S C V P
F E T Y U I Z P C C N A T O T O
A R L T A R C O M E D M F S I P
```

ALLIANCE	NATIONAL FRONT
ANC	NATIONALIST
COMMUNIST	PLAID CYMRU
CONSERVATIVE	POPULAR FRONT
DEMOCRATS	REPUBLICANS
ECOLOGY	SCOTTISH/ NATIONAL
FALANGE	SDLP
FIANNA FAIL	SINN FEIN
FINE GAEL	SOCIAL/DEMOCRAT
GREEN	SOLIDARITY
INDEPENDENT	ULSTER/UNIONIST
LABOUR	ZANU
LIBERAL	ZAPU

CLOTHES ENCOUNTERS 68

```
S T R O H S T N A P R S R
E E P Y S T O O B S L K O
P B S N A G I D R A C C B
A O V S S Z E S R O O O E
C R C V E P O J C K J S A
T D Y E M R H N I A E W W
B R R S U O D M V I R T A
L A B T T A O C T A X F B
T W B R S N B R P A I R C
M Z A I O K H A T S M S L
A E B H C I L T I U S A O
M E D S S L J G O W N R A
H I M A T T I R E H A R K
```

ATTIRE

BOOTS

CAPES

CARDIGAN

CLOAK

COAT

COSTUME

DRESSES

GOWN

HATS

KILT

KIMONO

PANTS

ROBE

SASH

SCARF

SHAWL

SHIRTS

SHORTS

SOCKS

SUIT

TIES

VEST

WARDROBE

WRAP

NATURE TRAIL 69

```
R L A E R A I N E L W C L
E D L L S L A M I N A E S
P F N S U T O I E S T O A
P F I A N T R T A L E N C
O S I D S S A E O E R E M
C R T E H M N M E T A L S
A D R O I W I I F S N O R
L O N L N N L S I I I D E
F S C A E E O R L L S M W
E C D R L F O C D W A H O
R L A R L N M E L G T I L
L L U M I N U M I A L E F
S I C M L B A R W S Y U T
```

AIR	IRON	WILDLIFE
ANIMALS	LAND	
BIRDS	METALS	
CLAY	MINERALS	
CLIMATE	OIL	
COAL	SAND	
COPPER	SOIL	
FISH	STONE	
FLOWERS	SUNSHINE	
FOREST	TREES	
GAME	WATER	

TAKE-OFF TIME 70

```
P E R Y T R U N W A Y A L C E
B A G E D U T I T L A A Y U C
R R S S E N I G N E N D L S N
A R E S S G N I W D D T F T A
E I G P E E L S I R R S H O T
L V A H F N A C O A I S E M S
C E G O E T G T P D N E A S I
T M G T N O W E Y I K D T S D
R I U I A W D E R O J R H T E
O T L P L E N T R S E A R A T
P L Y K P R I L M C T W O E E
S E K C U A T O L I P E W S K
S B S O W F N K C I W T A G C
A J J C T R O P R I A S P K I
P T S I R U O T F F O E K A T
```

AIRPORT	FLY	RUNWAY
ALTITUDE	FOG	SEATS
ARRIVE	GATWICK	SKY
BELT	JET	SLEEP
CLEAR	JOURNEY	STEWARDESS
COCKPIT	HEATHROW	TAKE-OFF
CREW	LAND	TICKET
CUSTOMS	LUGGAGE	TIME
DEPART	PASSENGERS	TOURIST
DISTANCE	PASSPORT	TOWER
DRINK	PILOT	TYRE
EAT	PLANE	WAIT
ENGINES	RADIO	WINGS

DATELINE 71

```
O F H C N G S R E B M U N M S
Y N O E O P D L R E T S A E E
R M L L C A L E N D A R J S P
A U I S A M T S I R H C U S T
U T D A Y I R E T O N A L E E
N U A D R O C E R I G P Y R M
A A Y W D E C E M B E R R D B
J G S Y A M B Y R M H I A D E
B N A L P J J O L A U L U A R
T I T S U G U A T I E S R H S
N R A N M K E E W C A Y B C E
E P E O F A C T S K O D E R T
V S N A M E S E R U G I F A A
E T W I N T E R Y R A I D M D
H S E G A P L R E B M E V O N
```

Find the diary words in the grid.

ADDRESS	FEBRUARY	NUMBERS
APRIL	FIGURES	OCTOBER
AUGUST	HOLIDAYS	PAGES
AUTUMN	JANUARY	PLAN
CALENDAR	JULY	RECORD
CHRISTMAS	JUNE	SEPTEMBER
DAILY	LOG	SPRING
DATES	MAP	SUMMER
DAY	MARCH	WEEK
DECEMBER	MAY	WINTER
DIARY	MONTH	WRITE
EASTER	NAME	YEAR
EVENT	NOTE	
FACTS	NOVEMBER	

FAMOUS GEMINIANS 72

```
T H G I E P S Y N N H O J B H
A K C I A T O G S E L R A H C
N V A H P N O R R A M O Y N L
T I O Y E O F U T C M E J G E
H R H K D G O L K I N O L F W
O G R M I V U E E T L A H E E
N I A E A N N E R M D L N T S
Y N M N D N R A V Y I D O Y I
E I Z I A L C U S A Y N N D N
D A N R C C I K O T R A G R E
E Y T I M H N W U K M A M A D
N I M L C I A R E D A W A H S
E S U M G O N E I N R N H A C
L A C H A E L K L B E N N Y D
P E T G R S T E F F I G R A F
```

May 21st – June 21st
With their verbal skills and flexibility, Geminians often
enter professions such as teaching and journalism.

ANNA KOURNIKOVA

ANTHONY EDEN

ARTIE/SHAW

BENNY/GOODMAN

CHARLES/AZNAVOUR

CHE GUEVARA

DENISE WELCH

GENE WILDER

GLADYS KNIGHT

IAN FLEMING

JOHNNY SPEIGHT

MICHAEL/PORTILLO

NICOLE/KIDMAN

PAUL MCCARTNEY

SAMMY/CAHN

STEFFI GRAF

THOMAS/HARDY

VIRGINIA/MCKENNA

WENDY TURNER

SOMETHING FISHY 73

```
L O S E N I D R A S T H O
W R L E R E K C A M N G O
T R O S C H A L I B U T H
D T B P W L M N D I U Q S
R M S O H O A H P R L T I
D U T L N S T M C H U R T
S S E L C H I R S R J H U
R S R A W R E F G H E M O
E E T C H E A E D R M P R
T L T S T R O B R R B S T
S S D A W N T I R A O U L
Y R K O K T N J S L N W O
O S T R C G Y S E A L M S
```

BASS	SALMON
CLAMS	SARDINES
COD	SCALLOPS
CRAB	SHRIMP
HALIBUT	SKATE
HERRING	SOLE
LOBSTER	SQUID
MACKEREL	STURGEON
MUSSELS	SWORDFISH
OYSTERS	TROUT
PERCH	TUNA

PLACE SETTING 74

```
N O I S I V E L E T L R P
Y E D R O W S S O R C E E
I N T R O D U C T I O N R
I S N N S K C I L C G R F
S T C O M A E T S A E U E
M A C O B E A S R Y T B C
I M V S O B S A A R I S T
N M T N O P G L D N U W I
E E E O A E K P V O R O O
R R E M T C E R I S F D N
A I W R I A H C C A H N S
L N S R C Y R R E M H I I
R G B E E S O R S H O W P
```

Find the words in the grid. They could be going up, down, left, right or diagonally. The remaining letters reading from left to right make an English county.

ADVICE	MASONRY	STAMMERING
BONNY	MERRY	STEAM
BRICKLAYER	MINERAL	SWEET
BURNER	MONSOON	TABOO
CANVAS	PERFECTION	TELEVISION
CHAIR	PLASTIC	WINDOWS
CLICKS	ROSE	
CROSSWORD	SCOOP	
FRUIT	SCREEN	
GARAGE	SHIP	
INTRODUCTION	SHOW	

```
B C D F L B A C H E L O R C K
G G N R J E L A D D I E J U L
E R A A L R M O N K T Y O B M
N E A C T Q E A R S I R E S R
T K N N E L B H I D R S Q C E
L U T L D S U M T E B W Q O T
E D A S U P A S H A E A B U S
M M A H A R A J A H F R R T A
A B E D Q R N V P K O L R O M
N C M U D M K E I T J O R W N
K D I J L Y N N H C N C N Q M
I S R K S P G E I E E K H A N
E M P E R O R T S G Z R P D C
H T U O Y Q N S W X H A O K L
S H A H R E C N I R P T J Y B
```

BACHELOR	HUSBAND	PASHA
BARON	KHAN	PRINCE
BOY	KING	SENOR
BROTHER	KNIGHT	SHAH
CUB SCOUT	LADDIE	SHEIK
DADDY	LORD	SIRE
DUKE	MAHARAJAH	SON
EARL	MALE	SULTAN
EMIR	MARQUIS	TSAR
EMPEROR	MASTER	UNCLE
FATHER	MISTER	VICEROY
GENTLEMAN	MONK	WARLOCK
GRANDPA	NEPHEW	YOUTH
HERR	PAPA	

FISH 'N' CHIPS 76

```
K M S H A K E C F R E V R E S
B R E A D A N D B U T T E R D
S B O A L E T A K E A W A Y R
G S H F L T G S E O T A T O P
L E R R L P S A E P Y H S U M
I I A Y Y T S A T I E T A L P
O R G I W J N I H T C N Q S T
G F E N R C K E R F U D O U P
N H N G A A U E A C A R N O R
I C I W P A T T I E S A W I U
K N V T O T P O H S P I H C O
O E T M A R O M A P V N X I V
O R O B Y E B I I T A E H L A
C F H Z K C I H T D O O F E L
A D E K O O C D R A L C B D F
```

AROMA	DRAIN	PATTIES
BAG	EAT	PLATE
BATTER	FAT	POTATOES
BREAD AND BUTTER	FLAVOUR	SALT
	FOOD	SAUCE
BROWN	FORK	SERVER
CHIP PAN	FRENCH FRIES	SHAKE
CHIP SHOP	FRYING	TAKE AWAY
COOKED	HEAT	TASTY
COOKING OIL	HOT	THICK
CRISP	LARD	THIN
CUT	MEAL	VINEGAR
DELICIOUS	MUSHY PEAS	WRAP

COUNTY SET 77

```
S S A N D W I C H M A H B O C
H T A O H Y R U B R E T N A C
D R O F H S A L L E N P M Y L
R A M S G A T E N E D D Y L N
E S W D M E M A H S R E M E A
E H E E A S T O N E E L A S E
N G D E I E I A V A V O H H B
O R M L D M Y E G L O P T A R
T O A E S A H W B R D Y O M N
S N H G T H Y T H E A A R E H
E K L N O N O T N I L M W V T
K C I A N E U N O T S U G O I
L I H R E L M A H T A H C R R
O B C G T D Y R U B G I B G F
F L A Y S K A O N E V E S O R
```

Find the Kentish place names hidden in the grid. When solved the remaining letters, reading from right to left backwards, gives another place in Kent.

Place in Kent: _____

ASH	FOLKESTONE	LYMPNE
ASHFORD	FRITH	MAIDSTONE
AYLESHAM	GRANGE	MARGATE
BEAN	GROVE	MAYPOLE
BICKNOR	GUSTON	MERSHAM
BIGBURY	HEVER	RAMSGATE
CANTERBURY	HOATH	SANDWICH
CHATHAM	HYTHE	SEAL
CHILHAM	LINTON	SEVENOAKS
COBHAM	LEEDS	STONE
DEAL	LENHAM	WROTHAM
DOVER	LYDDEN	WYE

GIRL TALK

```
L A L A L E S M A D U E R
S F A A I R E A A F N I E
S E S S M I I U C E R D Y
E H S T D D G G M M F D A
S A E O N H N R L A A I M
L C O R T W I A L L U A W
A I F E M I N I N E A N D
M D R H W O Y I L G E E T
D H E T R O E D E L D M A
N I S O B M I M O C F E N
A N A M O W S I S T E R T
R A O M L A L S Y E C O M
G T N D Y E I S S E R D A
```

AUNT	MAID
DAMSEL	MISS
DAUGHTER	MOTHER
FEMALE	NIECE
FEMININE	SHE
GIRL	SISTER
GRANDMA	TOMBOY
HER	WIFE
LADY	WOMAN
LASS	
LASSIE	

SMOOTH OPERATOR 79

```
Y T R A M S T W L R G H O
T R W C M T N A G E L E D
T W L O I E W W R P O T E
A K O P T H R T H P R O N
N T E A R F C S T A I S I
H Y N E T E I W W D O U F
D R G F L V T N Y R U O E
O A W E A S E T E D S I R
L S S L L N C T Y R N C T
G H U I T R C W L O O A M
R A C A I T R Y L E S R D
S K E S V E E L L T V G H
W N P L L E W S Y P O S H
```

CHIC
CRISP
DANDY
DAPPER
ELEGANT
FANCY
FINE
GLORIOUS
GRACIOUS -
LAVISH
NATTY

NEAT
ORNATE
POSH
PRETTY
REFINED
REGAL
SELECT
SLEEK
SLICK
SMART
SMOOTH

SUAVE
SVELTE
SWELL
TASTY

GOING NUTS 80

```
B V O S T U N T S E H C B A Y
X R E I D J L R W F R K L R H
K E A R H L L A T E R M D C V
D E A Z E C L E K U O U T P Y
S H R H I N A C R N N A I D V
A H S N U L A T D R H A O T T
M B A T E R Q U S T I O E R P
T I W Z C L D S U I W U E P R
S T Y T E E A N C V P E Q W A
I E U A T L C N R O C A E S C
R N C S T A T U Q K N H J T I
H U A E S A F A A V C K H W R
C O D H J U S W E S Q U E V E
R V E A I M A D A C A M H R P
H W D N U O R G R E D N U S F
```

The words in the following grid are all associated with nuts.

ACORN	FRUIT	SATAY/SAUCE
ALMOND	HARD	SEED
BITE	HAZEL	SHELL
BRAZIL	KERNEL	SHUCK
CASHEW	MACADAMIA	SQUIRREL
CHESTNUT	NUTCRACKER	TREE
CHEW	NUTHATCH	UNDERGROUND
CHRISTMAS	PEANUT	WALNUT
CONKER	PERICARP	WOODY
DRY/ROASTED	PISTACHIO	
EAT	SALTED	

```
I O W A A T O K A D H T U O S
A R K A N S A S L N O I H O N
I E X N K Z I I A W A H U E M
S G B A K S A R B E N T W I T
L O U I S I A N A X H H N E N
A N T D X O Z L M C A N R O O
N O A N A N Z X A M E A T C M
D D H I N I Z R P S W G W I R
C A X M O L O S O A N E C X E
E R D A Z L H T L I S H Z E V
D O O I I I A E H T I A Z M V
O L H N R X D S Z G B H X W Z
H O A E A O A X A I G R O E G
R C D X Z W L N E V A D A N T
G N I M O Y W F N E W Y O R K
```

Can you find these U.S. States?

ALABAMA	IOWA	OHIO
ALASKA	LOUISIANA	OREGON
ARIZONA	MAINE	RHODE/ISLAND
ARKANSAS	MICHIGAN	SOUTH CAROLINA
COLORADO	MINNESOTA	
DELAWARE	MONTANA	SOUTH DAKOTA
FLORIDA	NEBRASKA	
GEORGIA	NEVADA	TEXAS
HAWAII	NEW HAMPSHIRE	UTAH
IDAHO		VERMONT
ILLINOIS	NEW MEXICO	WASHINGTON
INDIANA	NEW YORK	WYOMING

CANINE CATCH 82

```
E B D O B E R M A N R E X O B
T U F A K G F C H O R T A Y L
U C U E L F H E E I P L E K O
M Z P D I M L Y D Z A Z Y E O
A D W T I A A R K N K I L L D
L G S I D H A T O S R W T G H
A A R E H N G R I I U O E A O
M N R E R S O U S A E H P E U
N I O E A D A H O S N C P B N
A A B L A T S M E L O M I A D
K T H R L E D T O C S C H S S
S A B G T I L A K Y C P W S K
A A R T F A P E N O E N I E Y
L W E I M A R A N E R D P T E
A R E I R R A H P O O D L E Z
```

AFGHAN	DALMATIAN	PEKE
AIREDALE	DOBERMAN	POODLE
ALANO	GREAT DANE	SAMOYED
ALASKAN	HARRIER	SKYE
MALAMUTE	HUSKY	SLOUGHI
BASSET	IRISH SETTER	SPITZ
BEAGLE	KELPIE	ST BERNARD
BLOODHOUND	LABRADOR	WEIMARANER
BOXER	MALTESE	WHIPPET
CHORTAY	MASTIFF	
CHOW	PAPILLON	
COCKER		

ON THE RIVER 83

```
N O P Q S R E S T V S V Y A T
G N O K E M W L O Z Y U K O N
M L J H V G F L B D G C G B A
X A D R E T G Y J E A Z Q A P
C B E U R A G H I S N S R M T
E D F V N K D D U M G N I O S
O G N I L R A D D C E S Z B I
F G N W G E N I X J S Y U Y R
N O D A F I U M N O Z A M A G
G R H T R E B M U H L M S N I
X E Q R S O E R P K N E O G T
J G R V N C I Z E B M A Z T B
W I Z I B D R R T A U Z V Z Y
K N L A O Y Q R H I N E W E X
L E M N O L P T O C O N I R O
```

AMAZON	NILE	VOLGA
DANUBE	NIGER	YANGTZE
DARLING	ODER	YUKON
DON	ORANGE	ZAMBEZI
ELBE	ORINOCO	
GANGES	RHINE	
HUMBER	SEVERN	
INDUS	TAGUS	
LOIRE	TAY	
MEKONG	THAMES	
MISSOURI	TIGRIS	

ABSURD WORDS 84

```
T D E G A R N E T Z A N Y
G E E T O U C H E D R K Z
L W N T N E V R E F O R A
L M N A O D Y R G H L E R
A G H S S V A F R G O S C
C H E M U N E T F A D R R
I H O D G O I D R A A E A
T S S E M N I A R C D B V
A I D T R G B R K L S T I
N L M I U I T E I U R G N
A O L C D N D D R L M N G
F O R X E T R D A T E L A
A F R E D E T N E M E D O
```

ABSURD	EXCITED
BERSERK	FANATICAL
CRACKED	FERVENT
CRAZY	FOOLISH
DAFFY	INSANE
DAFT	MAD
DELIRIOUS	NUTS
DEMENTED	RABID
DERANGED	RAVING
DEVOTED	TOUCHED
ENRANGED	ZANY

IN NAME ONLY 85

```
B J L E N I N A V O N O D H T
W S T I N G O G T O R T S A C
E Z E V O E J H H N R E H C S
C F N M M A E C O O T A L P N
N J E O O L T S A A M F R S I
I U R P L L M T R E A E N U J
R L O O O A A C I L S O R E I
P I C A S S O S S L E A Z Z N
A E X L M S E T T L A E R D S
N T K O D O A A O P B Q E M K
N A I B A F L P T E P L I N Y
E K N M F B A I L M I O E C B
T N O A H N E T E L A H V A P
T C M R I N L L A R R D C I S
E K C U P D Q H R U E H A N D
```

Whether real or fictional, these names are all recognisable.

ABEL	FABIAN	PICASSO
ADAM	FALSTAFF	PLATO
AESOP	HOMER	PLINY
ANNETTE	JEZEBEL	PRINCE
ARISTOTLE	JULIET	PUCK
ATTILA	LENIN	RAMBO
BACH	MOLIERE	ROMEO
CAESAR	NAPOLEON	SALOME
CAIN	NEHRU	SAMSON
CASTRO	NERO	SOCRATES
CHER	NIJINKSY	SOLOMON
DELILAH	NOAH	STING
DIANA	OTHELLO	ZEUS
DONOVAN	OVID	

IN THE STARS   86

```
P N S E I R A G R F R M S T L
I I O A L C O E I E J T A L O
S N L I A A B S O B A U U Y I
C I L N T M H C H R R B L S P
E M C I E C T E N U J E I Y R
S E H T R O N R S A O G M E O
R G P A B P O U F R N O B E C
L E M E I C A S J Y O M Z P S
S I R T I R U A E N E G O O A
R E B R T I N T U C O G D C R
A B P R R U A E E G R C I S C
M A A A A F S D L I U Q A O H
C R U R E B M E V O N S C R E
T Q Y R C E S U O H O S T O R
A L S U I R A T T I G A S H Y
```

AIR	FEBRUARY	MOON
APRIL	FISH	NOVEMBER
AQUARIUS	GEMINI	OCTOBER
ARCHER	GOAT	PISCES
ARIES	HOROSCOPE	RAM
AUGUST	HOUSE	SAGITTARIUS
BULL	JANUARY	SCORPIO
CANCER	JULY	SEPTEMBER
CAPRICORN	JUNE	SIGN
CONJUNCTION	LEO	STAR
CRAB	LIBRA	TAURUS
DECEMBER	MARCH	VIRGO
FATE	MAY	ZODIAC

```
S N I W T M S K N I L F F U C
T S F F U C D N A H W S E Y E
H B E F G S S N E T T I M L S
G V F H J M R S T O O B N J K
I S H O S E T A K S A S C G I
L G B S E O H S E L S T O K S
D U M B B E L L S P E O N N K
A S S Q D I J A A G L C T E C
E G J T P I J H A A B K A A I
H N C P A Q C H C K A I C K T
C I E L K A F E E T T N T E S
G R S H O E S T R I N G S R P
S R L L U G S S O C K S A S O
J A J A M A S D N E K O O B H
V E H S K C I T S E L D N A C
```

BOOKENDS

BOOTS

CANDLESTICKS

CHAPS

CHOPSTICKS

CLOGS

CONTACTS

CUFF-LINKS

CYMBALS

DICE

DUMBBELLS

EARRINGS

EARS

EYES

FEET

HANDCUFFS

HEADLIGHTS

HOSE

LACES

MITTENS

MUFFS

OARS

SHOES

SHOESTRINGS

SKATES

SKIS

SLIPPERS

SOCKS

STOCKINGS

TABLES

TWINS

WINGS

BESIDE THE SEA 88

```
R H R N Q R I T H E A T R E J
W I C U K A M U S E M E N T S
S F A A M M O G N I B I D L Y
S Y Y H E D A N E M O R P X T
O D A T C B E E D M X P G E S
L U W L S K W C R U S K N D E
F J P B T A C U A C C F I A Z
Y D I A V Q O E G D E O M N E
D N L E D B T C D O U C M A E
N A S E R D Y O U B E F I L R
A H S A P H L S T A O B W P B
C C H G N I L I A S H G S S A
V N J R R I A F N U F N Q E E
S U R F I N G B A G Z I G V S
S P O H S A N O I S R U C X E
```

AMUSEMENTS
BEACH
BINGO
BOATS
CANDY FLOSS
COAST
DECKCHAIR
ESPLANADE
EXCURSION
FUNFAIR
GARDENS

HARBOUR
ICE CREAM
LIFEBUOY
PADDLING
PROMENADE
PUNCH AND
 JUDY
QUAY
SAILING
SEA BREEZES
SHOPS
SLIPWAY

SURFING
SWIMMING
THEATRE
WAVES

```
B E B E B E D F W R W E L
S E E L G S S H E E T E W
D S E E R T B D K L L N H
E D T R E D H L G E E E B
Y E E H E E B L E E D E E
A R I E K B D L E E E D F
W K R R F E E R S H P L D
E E E E E E H E I E S E E
E E K E R E E V T K E B E
L S E S R H E L E L R P K
Y E E L C C R E P E E H S
E E P B F E W G R E E D E
V G C E E E E T D L E D B
```

All these words contain at least two E's.

BEEHIVE	FEEL	TREES
BEER	GEESE	WEEKS
BEET	GREED	
BEETLE	GREEK	
BLEED	LEERS	
BLEEP	LEEWAY	
CHEESE	NEEDLE	
CREEK	PEEK	
DEEP	REEF	
DEER	SHEEP	
EERIE	SHEET	

```
Y F B U S H Y B B L O N D
S M F Q S R X M C L S E Y
P T Q U Q L B B Q Q T L L
L T R C R E W C U T R G I
I B R O R D R Q O U I R A
T F X E H Y N N C I N O T
E A Y D S S K A S X G W Y
N R N A S S T H D B Y I N
D Z E G D P A O A Q K N O
S R N I L M R R U Q M G P
G A A G P E B A Q P S L M
B R X O M E S T Y L E D R
B R O L R A A Y T U A E B
```

BANGS	GREASY	TONIC
BARBER	GROWING	TOUPEE
BEAUTY	KNOTTED	TRESS
BLOND	PONYTAIL	
BRAIDS	SHAMPOO	
BRUSH	SHORT	
BUSHY	SPLIT ENDS	
CREW CUT	SPRAY	
CURLY	STRINGY	
DANDRUFF	STYLED	
DRYER	TANGLES	

SCARY

```
S L L E P S M L L A R G E C Y
S T A I R S P A C O O Z I N G
S H S U H T A M E T S T F E N
P O M A L A N S H R T T G O K
A U O I H B I I V A C A I Q Q
R S V B H G C D L X M S Q U W
T E S A P P A L L I N G S A Q
C T F I S P E T S A M E Y L B
S E L D N A C T M Y I L V M Y
H R D A V I R E R R A O S S T
A R D R V A S S O I I J T T P
K A E K N I C T D C F K A L M
I G X G O A S A E J E I R E E
N F E N R H Z S N R E Y E S P
G G H Y Y N I G H T T S U D Y
```

AGHAST	GOTHIC	SCARY
APPALLING	HEXED	SCREAM
ATTIC	HOUSE	SHAKING
BATS	IMAGE	SINISTER
BOOS	LARGE	SPELLS
CANDLES	LOST	STAIRS
DARK	MANSION	STEPS
DISMAL	NIGHT	STORIES
DUST	NOISE	STRANGE
EERIE	OOZING	TRAPS
EMPTY	PANIC	VACANT
EVIL	PETRIFIED	VOICES
EYES	QUALMS	WAYLAID
GARRET	RATS	

HOROSCOPE READING 92

```
E N U T P E N X W I N I M E G
A Q U A R I U S J Y L I M A F
H R S R N L N O E C N A N I F
S U C R G E B S S E N I S U B
A U O T I V E C N A M O R E Q
C E R L S A M A R R M S O M N
L V P U R R F I U I A P T O R
V P I H A T A F T E R K E H O
R A O R M T J T A S R A N Y C
E R P B G M G B S C I R A E I
T T I V W O R K R J A B L N R
I N S E C N O O M O G I P O P
P E C N H T L A E H E L D M A
U R E U E H D R E C N A C O C
J F S S U I R A T T I G A S Z
```

AFFAIRS	JUPITER	ROMANCE
AQUARIUS	LEO	SAGITTARIUS
ARIES	LIBRA	SATURN
BUSINESS	MARRIAGE	SCORPIO
CANCER	MARS	SIGN
CAPRICORN	MONEY	STARS
CASH	MONTH	TAURUS
FAMILY	MOON	TRAVEL
FINANCE	NEPTUNE	VENUS
GEMINI	ORBIT	VIRGO
HEALTH	PARTNER	WORK
HOME	PISCES	ZODIAC
JOB	PLANET	

```
Y Y R A N O I T C I D L Y N N
N R E T S E W E Y R J R R N O
S N O K X K R C R E F A O I I
O E O T E O I N O V Y I T W T
K M Q I S O T E T O T C C L C
C E C U T B E R S C A Y E A I
A C N H E I R E I F L D R U F
B N H S A L D F H Y E E I N K
R E R P P P E E G A P M D A C
E T E I A C T R L E V O N M A
P N T N N D X E D N I C C D B
A E N E A H P A R G A R A P D
P S I E U S S I E C N A M O R
Q C R A R E R E L L I R H T A
S C P R E H S I L B U P B G H
```

BOOK
CHAPTER
COMEDY
COPY
COVER
DICTIONARY
DIRECTORY
EDITION
FACT
FICTION
HARDBACK
HISTORY

INDEX
ISSUE
MANUAL
NOVEL
PAGE
PAPERBACK
PARAGRAPH
PRINTER
PUBLISHER
RARE
READ
REFERENCE

ROMANCE
SCIENCE
 FICTION
SENTENCE
SEQUEL
SPINE
STORY
TALE
THRILLER
WESTERN
WORD
WRITER
YARN

FINE WORDS

```
D T R R E V E L C A G E T
N O Y T T E R P D L V A I
A P O B L E T O N I C E T
R S E G E V R G A Y L R Y
G S T N N A W N S T A W L
T R I O B R U S G M N L E
L F B L E B A T S R A T V
R L E C R L D N I K E N O
E T R I C H E K T F R A L
S T G H R M E G L I U L T
W H U C R E T R A W L L A
T R M C N E A F R N E A T
S U O I C I L E D R T G O
```

ADORABLE	FAIR	NOBLE
BEAUTIFUL	FINE	PRETTY
BEST	GALLANT	SMART
BRAVE	GOOD	TOPS
BRIGHT	GRAND	
CHIC	GREAT	
CLASSY	KEEN	
CLEVER	KIND	
CUTE	LOVELY	
DELICIOUS	NAIVE	
ELEGANT	NICE	

OBSTRUCTED 95

```
D T R H E E E S U A P S T
N T A E Z T Q R H M I L P
E L N E S U A T R L E R O
T H E E E T C R E M E T T
D R O L V U R N T F R E S
F R C H R E C A R S R G E
K H E T R E R A I M U D R
E C S D K E I P I N N R Q
S B O C N N D N L E T U F
O G E L W I A E P L I T Y
L H Y R B T H S P T A A M
C E A S E G U L P M T T R
K A E R B S L A E S I T S
```

BLOCK	OBSTRUCT	STALL
BREAK	PAUSE	STAY
CEASE	PLUG	STEM
CHECK	PREVENT	STOP
CLOSE	QUIT	SUSPEND
END	REFRAIN	TERMINATE
FREEZE	REST	
FRUSTRATE	RESTRAIN	
HALT	SEALS	
HINDER	SILENCE	
IMPEDE	SQUELCH	

```
E T Y N E M O D B A G K U U I
V W G N U L D F Y M U B N W N
T O N S T H I A O L G V E E T
C B C T O N G U E D I Y H B E
N L R P G G T G G H R R W L S
E E T E D H U X S E N B C G T
M I R N D G I Y T E A I H N I
G E A D I D M R A F V R E E N
A H E Y N I A R H A R M S V E
R Y H E K T E L L C A Y T R O
H Y P Y I D H C B G A H Y E W
P P I Q D U C R I L I M T N E
A D Y O N E A L O G L U O T C
I G Z S E Y R I H A S A Y T M
D I O R Y H T Y N E T O G V S
```

ABDOMEN	HEAD	RIB
APPENDIX	HEART	STOMACH
ARM	INTESTINE	THIGH
ARTERY	KIDNEY	THROAT
CHEST	KNEE	THYROID
CLAVICLE	LEG	TONGUE
DIAPHRAGM	LIGAMENT	TRACHEA
ELBOW	LUNG	VEIN
FINGER	MOUTH	
GALL BLADDER	MUSCLE	
HAND	NERVE	

TO THE POINT 97

```
K A P S C R E W K E L D E E N
C R S U T C A C K P B A L S B
I R N S N U A K I P E G T U R
P O S A T T S T O R A G T L I
H W L T B R C K I O K E E Y S
T T O M A H A W K D H R N T T
O H H H F L B I C N E H I S L
O H I O A R A S G G R N S N E
T E R S A R K C N H G O I I D
P K U B T E P I T E T P H L F
I I P C W L F O R I T P I T O
C P S E R C E F O A T C I I R
K S R S P I R E H N N E G N K
E N I P U C R O P E D K A E P
T L M L L I U Q P U S H P P N
```

ARROW	ICICLE	SCREW	TINE
BARBWIRE	LANCE	SKEWER	TOMAHAWK
BEAK	NEEDLE	SPIKE	TOOTHPICK
BRISTLE	NETTLE	SPIRE	TUSK
CACTUS	PEAK	SPUR	
DAGGER	PENCIL	STALACTITE	
FINGER	PICKET	STINGER	
FISHHOOK	PITCHFORK	STRAIGHT PIN	
FORK	PORCUPINE	STYLUS	
HARPOON	PROD	THISTLE	
HATPIN	QUILL	THORN	

HOUSE HUNTING 98

```
B C Y T N A H S E C K O D C N
E O O M A N O R H B N I B A C
G R A N G E R A E U Z N V S E
D N Y R V M L D B N E A I T L
O L M S D E S X M G R P T L I
L F A T T I N O A A A E A E B
R A N N T L N T C L N S L C O
E L S E F A T G A O E W F E M
C L E M S O A C S W J T M S R
T I L T C H E I T C F O S U O
O V E R O U A E T A H C P O D
R R T A U M P N R K L O T H H
Y G O P Q E E M R I G L O O V
I R H A E T M A N S I O N L M
T S L A T I P S O H A H A L L
```

APARTMENT

BEDSIT

BOARDING-
  SCHOOL

BUNGALOW

CABIN

CARAVAN

CASTLE

CHALET

CHATEAU

CONVENT

COTTAGE

DORMOBILE

FARM

FLAT

GRANGE

HALL

HOSPITAL

HOSTEL

HOTEL

HOUSE

IGLOO

INN

LODGE

MAISONETTE

MANOR

MANSE

MANSION

MONASTERY

MOTEL

PALACE

PARK HOME

RECTORY

SHANTY

```
P H C T O C S R E T T U B
E L P P A D E I D N A C O
A E N A C Y D N A C A L N
N T A G U O N D I R O S B
U A Z Z L N N G A L Y P O
T L R M M O S M L T A O N
B O F F F R E I I R T R A
R C P K T L P N T U H D P
I O R C F O I T L F T M I
T H T U P V T F F F Y U Z
T C D S D R T N S L H G R
L G R D T O F F E E Y H A
E W W O L L A M H S R A M
```

BONBON

BUTTERSCOTCH

CANDIED APPLE

CANDY CANE

CARAMEL

CHOCOLATE

FONDANT

FUDGE

GUMDROPS

LOLLIPOP

MARSHMALLOW

MARZIPAN

MINT

NOUGAT

PEANUT BRITTLE

PRALINE

TOFFEE

TRUFFLES

HUSTLE & BUSTLE 100

```
L I O M R U T E K A U Q L
T B E L P P I R G H S T R
U D U R A J S I L L T R A
M E E B T H T R F L U E M
U E C S B A I T R R M M E
L A K N T U R G E L B O K
T I D E U T H T N A L R A
D T R F R O T A Z L E S H
D E L T S U B R Y J W L S
P A R M L S S O T A O W L
P O J F U S S T Y W H L I
G A L E R R E L T S O J T
R J T F R M S A P S T R O
```

AGITATE	JOLT	TOSS
BOUNCE	JOSTLE	TREMORS
BUSTLE	QUAKE	TUMULT
FLAP	REEL	TURMOIL
FLOP	RIPPLE	
FLUTTER	SHAKE	
FRENZY	SKID	
FUSS	SPASM	
HUBBUB	STIR	
JAR	STUMBLE	
JERK	SWAY	

ON THE MOVE 101

```
P O I U Y R C O M P L E T E M
Y O E S O L D A S U G S E L L
H F S D X N A V D R F H J K L
N F N D F R O T I C I L O S N
E E I L X F R E E H O L D C V
V R A D Z Q S Z X A I O R E R
O T T G S W G C V S B N A U M
M A R C C E N S D E E D O L S
V S U L A R I T Y U I B B A I
U I C K R R T S F H H S L V G
E F E L P K T T G G O E Y S N
G L O W E H I N I H A U J U T
A A A Y T O F E O S U U S N B
N E S S S I N G E C H B E E D
K F T N O I T A C O L R Q U D
```

AGENT	HOUSE	SELL
BOARD	KEYS	SIGN
BUY	LEASE	SOLD
CARPETS	LOAN	SOLICITOR
COMPLETE	LOCATION	VALUE
CONTRACT	MOVE	VAN
CURTAINS	NEIGHBOUR	VENDOR
DEEDS	OFFER	VIEW
FITTINGS	PURCHASE	
FLAT	RENT	
FREEHOLD	SALE	

```
B I S U M A T O P O P P I H A
R U C A M E L C O M U P B A D
T E F B K A K E Z R A E R J N
B N G F E M A L Y K A D A P A
S K A I A A Y O O V V G R U P
O A O H T L R T E A U I N M U
R A R A P L O R R A A R N A S
E R L B L E R K R J L A O C K
C E D L E A L R T A A F B O U
O H R N I Z E E L C P F B Y N
N T A N O R V U Y K M E I P K
I N P O O I O N N A I N G U A
H A O S C I L G X L L E M U R
R P E I H Y E N A N O O B A B
B A L B E E Z N A P M I H C I
```

All the words in the following grid are names of animals.

AARDVARK	GNU	LYNX
BABOON	GORILLA	OCELOT
BEAR	HIPPOPOTAMUS	OKAPI
BEAVER	HYENA	PANDA
BISON	IMPALA	PANTHER
BUFFALO	JACKAL	PUMA
CAMEL	JAGUAR	RHINOCEROS
CHIMPANZEE	KANGAROO	SKUNK
CIVET	KOALA	TIGER
COYPU	LEMUR	YAK
ELEPHANT	LEOPARD	ZEBRA
GIBBON	LION	
GIRAFFE	LLAMA	

JEST THE MINUTE 103

```
F K S I R F X G S A X L M J R
T J E M A G D K A Y T Y O T O
T M U S I C I I R I R K N O M
B R I S K L V R K P E H K A P
T N I A T R E T N E Q T E I Z
S C D L N M R L E V I T Y R T
E I U A F I S C H A R A D E S
J T Y G O E I N F Y F R R G Y
G N R T S C O S R D E U O A J
N A E U I A N E Z V S T L L J
I C M P P R K I E A T P L E W
L A M B A C A L E C I L O R F
F P U I O J O L O P V F A R O
O E M M W L P O I O E U J O T
P R A N K S N F Q H K N B N P
```

AMUSE	GAIETY	PLEASURE
ANTIC	GALA	POLO
BRISK	GAMBOL	POOL
CAPER	GAME	PRANK
CHARADES	HILARITY	RACE
DIVERSION	JAPE	REGALE
DROLL	JEST	REVEL
ENTERTAIN	JOKE	RIOT
FARO	KID	ROMP
FESTIVE	LEVITY	SKI
FLING	MERRY	SMILE
FLIRT	MOCKERY	SPORT
FOLLIES	MONKEY	SWIM
FRISK	MUMMERY	TOY
FROLIC	MUSIC	ZANY
FUN	PLAY	

THAT'S THE TICKET 104

```
Y U B R E V O C N U Y E V I F
L O T T E R Y D H C T A M E K
I Y S C N J S R E L I A T E R
O A E T V U S R A C R O K H I
F L Z O E G O O D C A U S E S
E P I H B K E M A G H A I F M
V D R A C H C T A R C S R O S
O T P D G N D I N I W S N D Y
M O P E S X U N T E N E L N A
E P O R M L M M U G Y L A A D
R K T D L Q O N B O S U E S I
S C R N D O U B L E P R V U L
D A R U B O F F M E R D E O O
D J P H M I A L C Y A S R H H
O S N O I T C U R T S N I T N
```

AMOUNT	JACKPOT	RULES
BUY	LOTTERY	SCRATCH
CARS	MATCH	CARD
CASH	MONEY	SYMBOLS
CHARITY	NUMBERS	TEN
CLAIM	ODDS	THOUSAND
DOUBLE	PLAY	TICKET
FIVE	POUND	TOP PRIZE
GAME	REMOVE FOIL	UNCOVER
GOOD CAUSES	RETAILERS	VOID
HOLIDAYS	REVEAL	WIN
HUNDRED	RISK	
INSTRUCTIONS	RUB OFF	

```
G R Y I R P R E S S U R E
L S A T E O N T E L B A C
E T T T I I T N P C Y O R
N L R E B C I A O F N S O
I O S R A H I A R D X P F
L V U V C M L R U E J M W
R T Q A T D D C T R N A C
E O M S N I T Y A C T E Y
W F H I E O U E N T E K G
O U W S R P L C S A T L R
P E E W R C I N R E M U E
B L P M U P S P J I L O N
E M T N C I M O T A C D E
```

AMPS
ATOMIC
CABLE
CIRCUIT
COAL
CONDUCTOR
CURRENT
DIESEL
DYNAMO
ELECTRICITY
ENERGY
FORCE
FUEL
GENERATOR
JET

MACHINES
NUCLEAR
PETROL
PIPES
POWER LINE
PRESSURE
PUMP
STEAM
TURBINE
VOLTS
WATTS
WIND

JUST RELAX
106

```
D R O W S Y B A L L U L E
E R V K A H C L E J M F R
B P E R D X E N A Z Y C O
E A P A X Y N E M N V K N
M Q T A M A L P T F K E S
I I L H L K G H Y S L E E
T E L F K I N Z Y T X S T
R P D K H W K S S M A F A
O X D K A B Q E E E V Z L
F D O Y K L N M A D X P A
M F Z B U I M X V L A K R
O C E X Y S F Y H W O H M
C O V E R S S P R I N G S
```

BATH	LIKE A LOG	TIME
BED	LULLABY	YAWN
BLANKET	MILK	
BLISS	NESTLE	
COMFORT	PRAY	
COVERS	RELAX	
DOZE	SET ALARM	
DREAM	SHADES	
DROWSY	SHEETS	
EASE	SNORE	
FLANNEL	SPRINGS	

```
T P M U S L I O W I N G M I R R O R
T F A H S M A C M V E S N L I O C O
G O A E N G P R F P A D Y J F A G T
A C L H A M A H I I I L B E R L E A
L X X S S R U P F C L I V B K I A I
A N K R O K T L A U R L U E V G R D
I E E T O S N T O E E R E Q S H B A
T G O E U T O A C C E L E R A T O R
N R N A R R U N R T G Y G I C S X C
E D H I S C E B T C A N R A S A L S
R X S U T L S O I P E F I E U U P E
E S W G I I R D I R I C R R T G R K
F D N S U Q O S N L T Y H C E T E A
F A N B E L T N T I T S H O M E A R
I E S O H O P E X K W E I Y K S T B
D L I L N T R R E T E M O D E E P S
```

ACCELERATOR	EXHAUST PIPE	PISTON
AIR FILTER	FANBELT	PLUGS
AXLES	FILLER CAP	RADIATOR
BATTERY	FUEL GAUGE	ROTOR ARM
BRAKES	GASKET	SILENCER
CAMSHAFT	GEARBOX	SPEEDOMETER
CARBURETTOR	HOSE	STEERING
CHOKE	IGNITION	COLUMN
CLUTCH	INDICATORS	TYRES
COIL	KEYS	VALVES
CRANKSHAFT	LEADS	WINDSCREEN
DIFFERENTIAL	LIGHTS	WING MIRROR
DISTRIBUTOR	OIL SUMP	

ROMANTIC MOMENT 108

```
S R U O M A R A P E T T I N G
R T E M P T R E S S W A S I N
E S R A V O N A S A C R R N I
N C N A M O R O M E O L N L C
O H S E E U V E O T F A A O N
O E O W R H F W I R E D U V A
M R G L A I T U I O D Y J E M
Y I I O W I S E A U I L N D O
E S G V O U N H E E R O O E R
N H O E O D O T E W B V D T G
O E L R E S W O V I S E E O N
H D O S P O O N E D K T I V I
A A I M A D M I R E R S U E O
M R E I L A V A C A R E S D O
E T A U T A F N I N T I M E W
```

ADMIRERS
BEAU
BRIDE
CARES
CASANOVA
CAVALIER
CHERISHED
DESIRE
DEVOTED
DON JUAN
DOTE
GIGOLO

GIRLFRIEND
HONEYMOONERS
INFATUATE
IN LOVE
LADYLOVE
LOVER
PARAMOURS
PETTING
ROMANCING
ROMEO
ROUE

SHEIK
SIRENS
SPOONED
STUD
SUITORS
SWAIN
SWEETHEARTS
TEMPTRESS
VOWS
WIFE
WOOING

```
M G C R Q P P M A W S K L I S
H S U M U K B I S R P N J H R
N F A P I K R Z X H O B H I N
D O P T L P A D D I N G A X E
F Y T O T N S P H P G H N L M
D E O T R S O S T M E V B A M
N W L S O W U B R V O B R M T
T N I L D C P E O E U S Z A P
E S F E A U T D S B H T S L B
V W R R F R S L E T R T U L S
O B P F O L E C S E Y P A L T
L E C F X S D D T V J N U E Q
T E M U L P O A I L K S N D F
W O L L I P W D N E H Z Z U F
C K H F P A N L T V G R U G B
```

AIR	DOVE	LUSH	QUILT
ANGORA	DOWN	MARSH	ROSES
BALM	EIDER	MOSS	RUG
BED	FEATHERS	MUSH	SILKS
BLANKET	FLOSS	NAP	SPONGE
BUBBLE	FUR	PADDING	SUDS
BUNNY	FUZZ	PILLOW	SWAMP
CARPET	HAIR	PLUME	VELVET
COMFORTER	KITTEN	POWDER	WATER
COTTON	LINT	PUFF	WOOL
CURLS	LLAMA	PULP	
CUSHION	LOVE	PUPPY	

SEASONAL

```
M D Y N A J H R U O H J U L E
J A L M J A A N U A Y M O N M
M W R U G U L N N O S A E S I
V W L T G K E H U O R R A J T
T Y E U H S W E E A R C S Y E
H G S A Q U F E X E R H T R R
G T S U M D Z M E T Q Y E A R
I I N H N T A H F K N E X U M
N M H O U S G P G O K E M R T
O W C R M R G N N T Y M L B I
O E A S T R I W I W I N T E R
S U M D W R V E D N W R N F T
D L I R P A T R U Y R U U E I
E A E S E A S T E R J O R U M
M S Y D D S E D X R E M M U S
```

APRIL	JULY	SPRING
AUGUST	JUNE	SUMMER
AUTUMN	LENT	TERM
DUSK	MAY	TIME
DATE	MARCH	WEEK
DAWN	MINUTE	WINTER
DAY	MONTH	XMAS
EASTER	MORNING	YEAR
FEBRUARY	NIGHT	
HOUR	SEASON	
JANUARY	SECOND	

BONE IDLE

```
F E M U R T S I R W H I V
C I P E L B I D N A M E S
O U B R E A S T O J R H U
L A M U I N A R C T I E R
L S A Y L O T S E N O N E
A P K C N A L B R E T I M
R E C U L S R E K N O P U
H L A T L A L U P A C S H
G K L S K L V E I Y A I U
I N B E N I L I N K P L B
H A E Y T V O N C H U I A
T H A N I A U A L L R H C
C W I S H F P A C E E N K
```

ANKLE	HUMERUS	VERTEBRA
BACK	JAW	WISH
BREAST	KNEECAP	WRIST
CHEEK	MANDIBLE	
CLAVICLE	PELVIS	
COLLAR	RIB	
CRANIUM	SCAPULAR	
FEMUR	SHIN	
FIBULA	SKULL	
FUNNY	SPINE	
HIP	THIGH	

```
T L O B R L Y Y M A E B A
D O E M I N N B L D A R S
I L P G S R O N A T E H I
T H H S E N D E H R A C L
F T R E N O O E L D A S K
O M M E R E T R E T H I L
O W T R U K L C H I N N G
R M E L B O R S N A I L T
E D D U T R E E L L A T H
A C R I L T W N W S T L S
W S N O A S W L S O A T I
T R E A I O G E L M L A F
S T E S D R S T P L L F I
```

BATHE	FISH	SPOT
BEAM	FLOWER	STROKE
BELT	GLASSES	
BIRD	LAMP	
BONNET	LIGHT	
BURN	RISE	
BURST	ROOF	
DANCE	SCREEN	
DECK	SETS	
DIAL	SHADE	
DOWN	SHINE	

```
T I U R C E R S L F H N B R W
E N C N B D T I R O R Y T A F
N G A A D A K E N O X H R L M
D C B F R E S C H O O L B O Y
E Y S T N H R N J E V R U H N
R I E C D I E G P U E I S C O
F R K U H E A B R N N T C S V
O R J O R O E E O A U I V E I
O E N G O G O I T D D Q O S C
T N O E I R T L E Y G U I R I
N R C N W A E N G W H Z A N A
F A N A B P T J E I O P K T T
B E P O D E E N I A R T O B E
R L R S M E A P U P I L U E Y
A P P R E N T I C E L C R T N
```

APPRENTICE	NEW	SCHOOLGIRL
BABY	NOVICE	STARTER
BEGINNER	NOVICIATE	STUDENT
CADET	PROBATIONER	TENDERFOOT
CUB	PROTEGE	TRAINEE
FRESH	PUPIL	TYRO
GREENHORN	RAW	UNDERGRADUATE
INFANT	RECRUIT	
JUNIOR	ROOKIE	
LEARNER	SCHOLAR	
NEOPHYTE	SCHOOLBOY	

COMPOSER POSER 114

```
B L K E B Y K S N I V A R T S
R E E F L I S Z T O D B A C H
A V N I T G B S N R V R H T B
H A R R D I A I U N A U E E O
M R A E Z L N R N B B U R V R
S B E E Y A A A L E E L S A O
P U T B M S M V R N I D H S D
Z U L H B U I T I O D E A S I
C J C L H E K B Z V L M E P N
R A D C I A W R E E G V W R I
R E S R I V Y D E L I B E S P
S I T N A N A D Y L I N O F O
G E R S H W I N N O G U O N H
B E R I O H O U Q A L S S Z C
K C N A R F R C W T S L O H E
```

ARNE	FOSS	RACHMANINOV
BACH	FOSTER	RAVEL
BART	FRANCK	SCHUBERT
BERIO	GERSHWIN	SCHUMANN
BERLIOZ	HAYDN	SIBELIUS
BIZET	HOLST	STRAUSS
BORODIN	IVES	STRAVINSKY
BRAHMS	KERN	SULLIVAN
CHOPIN	LEHAR	VERDI
COWARD	LISZT	VIVALDI
DEBUSSY	LLOYD WEBBER	WAGNER
DELIBES	NOVELLO	
ELGAR	PUCCINI	

```
M H O E S E N A G N A M J N C
M U I B R E T P M U I M L O H
N C I B M U I R E C U C P C N
E N Q L C G U A T I I P S I O
G I M H E H U E M L E Z H L T
O Z F U P H L O N R A T T I P
R M L L I E R O G I U B H S Y
T F U N W H M M R M D D O A R
I S O I C T T U S I Q O R C K
N X R C N E A I I N N G I I N
J B I K V A B D L L O E U N E
N O N E X O M I K N L D M E G
F N E L M U I R A B O A A S Y
M U I C L A C I E C L E G R X
R M U I N I T C A G Y M N A O
```

ACTINIUM	FLUORINE	NICKEL
ARGON	GALLIUM	NITROGEN
ARSENIC	GERMANIUM	OXYGEN
BARIUM	HELIUM	RADON
BISMUTH	HOLMIUM	SILICON
CALCIUM	IODINE	SULPHUR
CERIUM	IRIDIUM	TERBIUM
CHLORINE	KRYPTON	THORIUM
CHROMIUM	LITHIUM	XENON
COBALT	MANGANESE	ZINC
COPPER	NEON	

TASTE FULL

```
O A W L L U F I S D I C A
N E E R G Y R E W O L F S
I A A R I S U P W R I R T
U L K Y Y S I I W F T E R
I L A T H W T R I F U S I
D A I T T I Y S O O I H N
E M S U R U O S W H I E G
C S J N A R I E O S I E E
N I E L E G A N T R T I N
A I E T I N M S T A R T T
L W T I E U I O L H I E O
A I E S O E L F I E O S U
B D U L L W D E Y P A O S
```

ACID	FRUITY	SOUR
ASTRINGENT	FULL	TART
BALANCED	GREEN	WEAK
BITTER	HARSH	
DULL	MILD	
EARTHY	NUTTY	
ELEGANT	OFF	
FINE	RIPE	
FLAT	SMALL	
FLOWERY	SOAPY	
FRESH	SOFT	

WHAT A GEM 117

```
T U C M O O N S T O N E F T P
B S R L R A E P J T S N J I L
B X Y N O T H W A I T O M U F
B Y S H A B G U O J O T N K D
N H T G T A L U J R P S U L T
Y U A D R E Q U Q U A N A W O
N H L N N R M U N L Z R D Y U
O H E I U J A A A I E O N Y C
D T P T H R I R T M A H O K H
E S V T T L O E E D A J M U S
C Y U Z E C L B T P T R A G T
L D B N U I A E E R S Y I N O
A E R I H P P A S R E A D N N
H A R A X C O R U B Y H J Y E
C H H Y S O P R A S E L C R Q
```

AGATE	GARNET	SAPPHIRE
AMETHYST	HORNSTONE	SARD
AQUAMARINE	JADE	SPINEL
BERYL	JASPER	TOPAZ
CARNELIAN	KUNZITE	TOUCHSTONE
CHALCEDONY	MOONSTONE	TURQUOISE
CHERT	ONYX	
CORAL	OPAL	
CRYSTAL	PEARL	
DIAMOND	QUARTZ	
EMERALD	RUBY	

```
S A N D K L N A E B B I R A C
C W L L V C T A O B G N O L P
N O A G A L L E Y O D C F I K
G H O S I W L A Y O R T R O P
N R N K H R N I A T P A C E E
O G O I N B B C T Y T N N T W
O A P G E R U S A E R T A Q S
L L Q Q S T C C N Z K M G W T
B L G C L P C W K N P Q R P O
U O S A I L A G A L L E O N O
O W S N L P N R R Q E P M M B
D S Q N O F E A D A M R A D K
S M M O B M E R C Y Q S M R C
M J J N K B R Q T E K S U M A
B L O C K A D E O Q H M C N J
```

ARMADA	DOUBLOON	MERCY
BLOCKADE	FLAG	MORGAN
BOOTY	GALLEON	MUSKET
BRIG	GALLEY	PIRATE
BUCCANEER	GALLOWS	PORT ROYAL
CANNON	GOLD	RUM
CAPTAIN	GROG	SAIL
CARIBBEAN	JACKBOOTS	SAND
COOK	LONGBOAT	SPAR
CREW	MASK	SWASHBUCKLER
CUTLASS	MATE	TANKARD

```
E W A S K C A H S E H S U R B
P L M I W R E N C H B H O D Y
L L W A D A R B R N J O R L T
A E I D M U H A E F E I P B T
N S R E F T W T W A L B J R U
E I E W R I A I D L T N I A P
W H P A T S L B R E P A R C S
A C A S G A L E I E T L C E N
S N P G N S P I V N D S U X O
N U D I T M A E E K W N Q G I
O P N J E V P M R E M M A H S
N V A T L I E A R U R Y E S L
E D S W L C R C Z S L I A N U
T I T C A E S P A N N E R F M
D C L A M P L A S T E R G B E
```

BENCH	HACKSAW	SANDER
BIT	HAMMER	SANDPAPER
BRACE	JIGSAW	SCRAPER
BRADAWL	MALLET	SCREWDRIVER
BRUSHES	NAILS	SCREWS
CEMENT	PAINT	SPANNER
CHISEL	PLANE	TAPE RULE
CLAMP	PLASTER	TENON-SAW
DISTEMPER	PLIERS	VICE
DRILL	PUNCH	WALLPAPER
EMULSION	PUTTY	WRENCH
FILE	RAWLPLUGS	

ON THE RIVER 120

```
H S S D I P A R B H S R I E W
C C T P R M T O K E J H S T M
L O A R E N A M H B C T U N T
M I U O E T H S E A U K R U Q
W T A R D A U B O A N R O P L
C O R S S R M R R M N R N P L
E U R I L E D Y A O T D R M A
C H R U B E J D R U O A E S F
R W B V L U C T L T C K P R R
U A B T E R T F L H I A C E E
O D A G E S L A I P D P S L T
S E R E W O L F R D B E K G A
J A K I A Q U I L Y B R N N W
B L M T F J T E N C H C A A Y
Y S E D I T E L N I V H B T B
```

The words in the following grid are associated with rivers.

ANGLERS	DELTA	RILL
BANKS	DRIFT	ROACH
BARGE	ESTUARY	ROW
BECK	FLOAT	SAIL
BOAT	FLOW	SOURCE
BROOK	INLET	STREAM
BULRUSHES	MEANDER	SWIM
BURN	MOUTH	TENCH
CARP	PADDLE	TIDE
COURSE	PERCH	TRIBUTARY
CREEK	PIKE	TROUT
CURRENT	PUNT	WADE
CURVES	RAPIDS	WATERFALL
DAM	REEDS	WEIR

HUSTLE & BUSTLE 121

```
E L L E F F T N I R P S A
P Y E L V E A R T R E C H
O M A F R I L S T R C H S
L S L T R R S Y T E A M S
H I Y M E B R S L Y P D E
T R A L I G R E E M A T R
T I E T R E R G H R S O P
L Y P L G A G A A A G R X
O T A A T J E N H L Y G E
B R E E U S T B U C L Y A
O W L M A T U R R L Y O T
S R P H O S E B R R P L P
T H C O Y C Y R R U L F E
```

ACCELERATE	DART	LEAP
AGGRESSIVE	EAGER	LOPE
AIRMAIL	EARLY	PLUNGE
APACE	EXPRESS	SPRINT
BOLT	FAST	
BRIEF	FLASH	
BUSTLE	FLIT	
BUSY	FLURRY	
CHARGE	GALLOP	
CHASE	HASTE	
COMET	JUMP	

SMALL TALK

122

```
T R M N E C R A C S T R E
D C T N U L B R R T Y A S
E R O R G R Y R C M N D R
T I T N U R G E I B I E A
I S T P C E R R R E T L P
L P T G T I R U U R F I S
O D L N D E S G R F R A D
P E N I U Q R E A L F T E
M L A T U S O S T E A R T
I T N E I C I F E D M U I
L T R E M A R R G A L C M
D I T L Y N E L L A M S I
T L Y F R T G N I K C A L
```

ABRUPT	GRUFF	TERSE
BLUNT	IMPOLITE	TINY
BRIEF	LACKING	
BRUSQUE	LIMITED	
CONCISE	LITTLE	
CRISP	MEAGRE	
CURT	SCANT	
CURTAILED	SCARCE	
DEFICIENT	SLIM	
DIRECT	SMALL	
FLEETING	SPARSE	

LOCH & QUAY

```
R T D G I A C S R E D U R T M
S Y I N T N N W E G L N M O E
V E T U O E R F U I E E R B I
M O L H T M A A N V D L I S D
F L I T C N O N E G I A H L N
A G A L N O H L I C F I E B U
T W L I Y E R A H V N L E M L
E B C A G O D R H C O N N A R
I H L M S L N B E N A G S J C
H X A F E S E H G C E S A A K
C C A I L S H N H B Y T L I S
U B H E R O M A D N R D I S F
E S G T P K L Y T H E O E V M
R F A E V L E P S R U N O W E
F Y Q U Y T R A H C I U L M K
```

AILSH	FREUCHIE	MORLICH
ASSYNT	GLASS	NESS
AWE	GLENDHU	RANNOCH
BENACHALLY	HOPE	SHIELDAIG
BROOM	LEVEN	SHIN
CALDER	LOMOND	SPELVE
CAM	LONG	TAY
EARN	LUICHART	TRUDERSCAIG
EIL	LUNDIE	TULLA
ERROCHTY	LYON	VOIL
ETIVE	MEADIE	WATTEN
FANNICH	MEIG	
FIAG	MORE	

COLOUR CHART 124

```
A T N E G A M E T E R A L C Y
N O S M I R C S G I K A H K E
N P B L U E Y K O N R M D S L
E A V S R H R G N B A N O C L
I Z S I T C I U C I O R R N O
S E S E O D D A Z O P C O W W
T E M C N L L E R A H M A O G
U A O I O I E A M E E C N R E
R A U G L R M T R L R A A B V
Q I M P S C A R L E T P E E U
U H V B E O Y L A S E I Y R A
O L C O E E R M U C G B E Y M
I R D A R R U R C E U D M L U
S S M G E Y N E E R G T E A L
E L P R U P E V I L O E C U P
```

AMBER	CREAM	MAGENTA	RUBY
AMETHYST	CRIMSON	MAROON	RUSSET
AZURE	ECRU	MAUVE	RUST
BEIGE	GOLD	OLIVE	SCARLET
BERYL	GRAPE	ORANGE	SIENNA
BLUE	GREEN	PEACH	SORREL
BROWN	GREY	PINK	TAN
CARMINE	INDIGO	PLUM	TOPAZ
CERISE	IVORY	PUCE	TURQUOISE
CHERRY	KHAKI	PURPLE	VIOLET
CLARET	LEMON	RED	YELLOW
COCOA	LILAC	ROAN	
CORAL	LIME	ROSE	

```
P L E P S M C P A E W W E B M
C E U E U C R R L P A E I G R
D O A F F E O F E R P S H A G
S O F N T F N T P C L B C L
H I U Z U A O S E U E E E B L
N O E G W T E T I K T T U C O
M L T E H S S T A A S R A P R
S O C D E N C C L A G N O H E
S I U E O H U O O E A P T C G
S P H S I G C T R P C I R I A
E C S P S O E A E O R C U W S
I W S I H E E V R C E K H D U
R T Y C R P M N I Y A L G N A
F S R E K C A R C L M E O A S
F T N E V U A L O V O D Y S T
```

The words in the following grid are all snacks.

APPLE	CRISPS	POPCORN
BISCUIT	DOUGHNUT	PRETZELS
BURGER	FRIES	SANDWICH
CAKE	HOT DOG	SAUSAGE ROLL
CANAPE	ICE/CREAM	SCONE
CHEESE STRAW	MOUSSE	SOUP
CHEW	MUFFIN	TOAST
CHIPS	OLIVE	TOFFEE
CHOCOLATE BAR	PEANUTS	VOL AU VENT
CRACKERS	PEAR	WAFFLE
CREPE	PICKLED/EGG	YOGHURT

```
L E G S R O S S I C S Z S
K E E S R E L T N A R T H
H Q Y Y R E S I K S A O I
W O J E E A J V U T E N N
C W R V B S E S S A L G S
Y U E N R R P H R N F S D
M S F A S E O R S E V F N
B S O F N C I W E T I S E
A P T D L N H T S S E L K
L U E L G I A J T T B N O
S R Y S I P N S A O E K O
S S K Z Q T D K W E Y X B
G O G G L E S S S M R A C
```

Here are 31 items that are found in pairs.

ANTLERS	FEET	SHEARS
ARMS	FISTS	SHINS
BOOK-ENDS	GLASSES	SKATES
CASTANETS	GOGGLES	SKIS
CUFF LINKS	HANDS	SLEEVES
CYMBALS	HORNS	SPURS
EARRINGS	KNEES	STILTS
EARS	LEGS	SUSPENDERS
ELBOWS	OARS	TONGS
EYEBROWS	PINCERS	
EYES	SCISSORS	

```
U V C S H O A T B A U Q S
V F S O F C H P R F Y T S
L I T A C K Y E G E B P G
E N Y E Y K P G O Z R B N
V G J R L E E J N A M L I
E E W M E L T R G E N I L
R R R H C K U E E M T N T
E L C D E X A P S L H K S
T I P Y E L V E R S L E E
M N J Y R F P M U U O R N
D G R E P P A L F Q T C S
A A E S L I R G D G S I Q
D Q O G N I L G D E L F K
```

BLINKER	GRILSE
CHEEPER	JOEY
COCKEREL	KIT
COSSET	LEVERET
CYGNET	NESTLING
ELVER	PULLET
EYAS	SHOAT
FINGERLING	SPRAG
FLAPPER	SQUAB
FLEDGLING	SQUEAKER
FRY	WHELP

HAIR CARE

```
F M L A T H E R N O E W X C A
Y R L D C N Z Y A T O O R U Y
N I E T X A I R E T C A B H H
I A I Q R R O I L Y I U P S T
H H N G U E T F C K R A D I L
S K F B P E W E A N O D G R A
N E E H I C N O W L O Q N U E
O G C C T J S T H K P T I O H
I A T T R E V L I S M A L N G
T S I A A B H S A W A E A E N
I S O R T W A T E R H P C S I
D A N C A A R C S M S E S N K
N M T S U S E T A T I R R I A
O T N I A L P M O C B L R R L
C R E G N I G P L A C S D V F
```

Root out the words in the grid.

AUBURN	ITCH	SHAMPOO
BACTERIA	LATHER	SHINY
CLEAN	MASSAGE	SHOWER
COMPLAINT	MILD	SILVER
CONDITION	NOURISH	SKIN
DRY	OILY	SOAK
FLAKING	REPEAT	TAR
FREQUENT	RINSE	TIP
GINGER	ROOT	WASH
HAIR	RUB	WATER
HEALTHY	SCALING	WET
INFECTION	SCALP	
IRRITATE	SCRATCH	

CLIMATICAL 129

```
Z Z T L H C V T H U N D E R E
F U G H A U R Y D U O L C C N
B I D D G M R O T S Z F T T O
G R R H E U B R R Z A A S S L
D W E T K L O Y I I P I U K C
T A H E F U K R R C M T G H Y
T H T N Z S D N D E A R I D C
R T A A M E L O I R W N C B T
A C E Z I U W U T R O O E R S
I O W M E N T S S O P O H I I
N O O H P Y T U K H R S S S R
P L E O V E R C A S T N S K O
V E U F A R S O C D O O A D C
S R C L I M A T E W P M A D C
B Z C C O L D R A Z Z I L B O
```

ARID	DAMP	SHOWER
AUTUMN	DOWNPOUR	SIROCCO
BLIZZARD	DRIZZLE	SLUSH
BREEZE	DROUGHT	SNOW
BRISK	FAIR	SPRINKLE
CHINOOK	GUST	STORM
CIRRUS	HAZE	STRATUS
CLIMATE	HEAT	TEMPEST
CLOUDY	HURRICANE	THAW
COLD	MIST	THUNDER
COOLER	MONSOON	TORNADO
CUMULUS	OVERCAST	TYPHOON
CYCLONE	RAIN	WEATHER

WATCH THE BIRDIE 130

```
S W I F T E S U O R G L K
W R C M O H B W O H F R C
O N I T R A M O A A A O U
R O V I R E K P L L T D R
C S K Z A I N C X E L N L
F E I C P L O V E R L O E
T S T M U N E B K T U C W
I H H J A C G Q U S G A D
W A R C Q G I E A E D N R
E N F U N U P K L K L E O
E Y A L S I W I C G E R B
P I W A N H F A E N A W I
L O C S E O J G R A V E N
```

AUK	KESTREL	ROBIN
CONDOR	LARK	ROOK
CROW	MAGPIE	SHRIKE
CUCKOO	MARTIN	SNIPE
CURLEW	OWL	SWALLOW
EAGLE	PARROT	SWIFT
FALCON	PEEWIT	THRUSH
FINCH	PIGEON	WREN
GROUSE	PLOVER	
GULL	QUAIL	
JACKDAW	RAVEN	

CUT ABOVE

```
G H A S T G A R O E M E V
P E R M I L W D L Y S K Y
L S L B M O C Y F K T O N
R S I Z S S T E R L M U O
U U R U Z S T R A I G H T
C O N D I T I O N S H T A
H M E D E B L O W D R Y N
S K A N I O V P H O V E G
U A U O S D O M Z A A S L
R R B L E Y W A W H U H E
B C U B R E D H E A D I H
O F R I Z Z Y S H I U N I
M U N R U L Y S P R A Y L
```

AUBURN	GEL	STYLE
BLOND	GLOSS	TANGLE
BLOW-DRY	HAIR	UNRULY
BODY	MOUSSE	WAVY
BRUNETTE	PERM	
BRUSH	REDHEAD	
COMB	SHAMPOO	
CONDITION	SHINY	
CURL	SILKY	
DYE	SPRAY	
FRIZZY	STRAIGHT	

BRIGHT IDEA 132

```
H N Y G N O I T C U D E D
U J C E C I R P A C R G E
I K N B E D E V G U C D C
C F A T P R E I T I R I I
O D F X H R A C R E D J S
N R F E D G E C A E N Y I
C I E I I J U M A O V T O
E F C G N L P O I J X E N
P T G O A L E T H S V I R
T G C T A M O B H T E X C
I J I N B N I A R B H N J
O O K J X D Y R R O W A T
N O I T A V R E S B O P U
```

ANXIETY	FANCY
BELIEF	IDEA
BRAIN	IMAGE
CAPRICE	NOTION
CARE	OBSERVATION
CONCEPTION	PLAN
CONJECTURE	PREMISE
DECISION	REVERIE
DEDUCTION	THOUGHT
DREAM	VERDICT
DRIFT	WORRY

WELSH TOWNS 133

```
B T O W P O R T H C A W L N E
N R E T N I T S B B T I R C A
E E N Y W O T O E A F K H U S
V D H T A E N R N D N E T B M
A E P T N E D W Y Y P G U A D
H G D B R O S T C S P M O R D
D A Y N V A R N T J U A M R I
R R H E E Y M O A I Q H N Y R
O E Y T H G W R L W N X O D P
F V T T S Z D L A O S E M L Y
L L R E H T E I C C I R C O T
I E I T P N L E R L D W F M N
M Y R N A M R X G B T L O H O
K O I L T B A B E R A V O N P
B A L A R F M L H T R A N E P
```

ABERAVON	FLINT	PORTHCAWL
ABERDOVEY	HOLT	SWANSEA
BALA	LAMPETER	TENBY
BANGOR	LLANELLI	TINTERN
BARRY	MERTHYR TYDFIL	TONYPANDY
BORTH	MILFORD HAVEN	TOWYN
BRECON	MOLD	TREDEGAR
BRIDGEND	MONMOUTH	WREXHAM
CARMARTHEN	NEATH	
CHEPSTOW	PENARTH	
CRICCIETH	PONTYPRIDD	

ANIMAL CRACKERS 134

```
F L R E N E A L L I R O G
B E A E S O E U E M O I B
A T L M G O I J K R Z W C
D N O L P I O L A E A A O
G L T A E C T G B G M H U
E Z R E E Z N R N E U J G
R D R L L A A V L O Q A A
Y E O G K O H G Y B M C R
E T H A M U P H N E C K O
K S J T C H E E T A H A D
N F O X N F L O W R P L E
O D R E V A E B D N A L E
M A R M O T P T I B B A R
```

ANTELOPE	GAZELLE	MONKEY
BADGER	GORILLA	OCELOT
BEAR	HARE	PANTHER
BEAVER	JACKAL	PUMA
CAMEL	JAGUAR	RABBIT
CHEETAH	KANGAROO	TIGER
COUGAR	LEOPARD	WOLF
DEER	LION	ZEBRA
ELAND	MARMOT	
ELEPHANT	MOLE	
FOX	MONGOOSE	

```
E V R E S B O T H G I L S A G
S H T E E R T S R E K A B S H
N T E Y I S K C A R T P L E H
I U D T L E S A C E E B F M N
A R A R T C U D E D V T N L O
L T R A A E A S B R L L O O S
L E T I K Y C O E U O I P H T
I V S R N R D P S M S V A K A
V I E O I Y I N S T A E E C W
E T L M H P O F A E U H W O R
C C E C T C A B O L U D T L O
I E S I U G S I D G T L Y R T
L T N O S D U H S R M O C E C
O E Y R A T N E M E L E C H O
P D O O G D G N O D N O L S D
```

BAKER STREET
BODY
CAB
CASE
CLUES
CONSULT
CRIME
DEDUCT
DETECTIVE
DISGUISE
DOCTOR WATSON
ELEMENTARY EVIL

FOG
GASLIGHT
GOOD
HELP
LESTRADE
LIE
LONDON
MORIARTY
MRS HUDSON
MURDER
OBSERVE
PIPE

POLICE
SCOTLAND YARD
SHERLOCK
 HOLMES
SOLVE
STUDY
THAMES
THINK
TRACKS
TRUTH
VILLAINS
WEAPON

```
D O W S E R O L P X E G R E
W O R R U B Q V H X S S F P
E C A R T U O C S N A C S E
N Y M P F E R R E T H O C E
E W O L L O F T P C C U A D
U C W H V O R R R S O R S G
S L H R U M M A G E M Q T I
R Z B T D N E I G J B U A D
U A D T U S T L U E T E B E
P R O S P E C T K E E S O L
R O F K O O L K C A R T U V
R I K I N V E S T I G A T E
```

BURROW	HUNT	SCOUT
CAST ABOUT	INVESTIGATE	SEARCH
CHASE	LOOK FOR	SEEK
COMB	PROBE	SLEUTH
DELVE	PROSPECT	TRACE
DIG DEEP	PURSUE	TRACK
DOWSE	QUEST	TRAIL
EXPLORE	ROOT	
FERRET	RUMMAGE	
FOLLOW	SCAN	
FORAGE	SCOUR	

```
A A C L C M L Q O D D B G
N C O F I P S U S S N E N
D N H A I R H A T U A A D
G O R E T A W R A R B H L
L T C E C K O T R W O E B
L E L I T N R E T I A W D
E T S S G S T R N D R Y R
H O R S G N A S R I D T S
L I P N U W K M N R L E G
F E R H T C S R E L I E R
N O N E O E T S E I G L S
P I R L E N S A E S H E A
R S S T O N E R W A T S S
```

ACHE	LOCK	WAITER
BAND	LONG	WATER
BOARD	MASTER	WAY
DRESS	NOTE	
FIRST	PHONE	
GEAR	PIECE	
HUNTER	QUARTERS	
LAND	REST	
LESS	SET	
LIGHT	STONE	
LINE	STRONG	

SPORTY

```
C F J W I M B L E D O N C H O
U O M U I D A T S N O D N O L
P O A N B O O T T H E O V A L
F T R O Y T H A M E S Y E H A
I B R H W E R A C E R G N U B
N A A T G G L O D D U G U I T
A A T A R D O N I Z O N E E O
L L A R O I G T E K C I R C O
R O T A U R B E Y H N L U A F
Z W T M N B R N T X B I V R D
T D A S D M S N F C V A D T C
O S G D R A C I N G Z S S A G
C S E W O C A S D R O F X O U
S D R O L S H Y D W R U G B Y
A S F H C A R D I F F K U E W
```

Find the sports and venues hidden in the grid.

ASCOT	LONDON	THE OVAL
BOAT RACE	LORDS	VENUE
CAMBRIDGE	MARATHON	WIMBLEDON
CARDIFF	OXFORD	
COURSE	RACING	
COWES	REGATTA	
CRICKET	RUGBY	
CUP FINAL	SAILING	
FOOTBALL	STADIUM	
GROUND	TENNIS	
HENLEY	THAMES	

BOY' SONGS

```
T N O S D N A W E H T T A M L
L E G B A R M H E O J Y E H E
L P R N E N J I M M Y M A C K
I A T R O N H D C X A L R B A
W N C O Y S O O F H F I M O J
Y G Y I D O S D J I A E Z S R
N E V E L N B M E D I E Y K E
N L L E K S A Y A K A A L D H
H O Y I I C R N N S S B Q A T
O S W N A O I A R N Y U G N O
J E E R M B R M O E A O D I R
F D Y E O F L M J N F D B E B
N W O R B E I L R A H C G L Y
L Y G L A S T V I N C E N T M
J O S H U A H Y O B Y N N O S
```

ALFIE	JIMMY MACK
ALGY	JOHNNY WILL
ANGELO	JOSHUAH
BEN	MATTHEW AND SON
BIG BAD JOHN	MICHAEL
BILL BAILEY	MICKEY
BOYS	MY BROTHER JAKE
CHARLIE BROWN	ROBIN ADAIR
DANIEL	ROMEO
DANNY BOY	SAM'S SONG
DENIS	SIMON SAYS
ERNIE	SONNY BOY
FERNANDO	TERRY
FRANKIE	TOM DOOLEY
HEY JOE	VINCENT

```
N F D M S H E L V E S H I F E
B O A R O T E C N E P O I O N
R S T N A D A V D U R L E R I
R E T I R W E P Y T I E R M H
R L L S C L I M E N N P E S C
E I R P O E X N G S T U I R A
L F X P A E B C G C E N P E M
O I E E P T A O O P R C O N G
O S C P L B S M A M I H C O N
C S I N I E P T E R F N O H I
R T T N E U T M R A D W T P K
E D E A T P O A X I T Z O E N
T T E E M P G R A P H S H L A
A E R S A P T R I A H C P E R
W H I D K O Y A R T N I D T F
```

CHAIR
COMPUTER
DESK
DIARY
DRAWING PIN
ENVELOPES
FAN
FAX
FILES
FILING CABINET
FORMS
FRANKING MACHINE
GRAPHS
HOLE-PUNCH
IN-TRAY
MEMO PAD

MODEM
NOTICE-BOARD
PENCIL
PHOTOCOPIER
PRINTER
SHELVES
STAMP
STAPLER
TAPES
TELEPHONE
TELEX
TIPPEX
TYPEWRITER
VDU
WATER COOLER

BISCUIT BOX 141

```
V D N O M L A X B R O K E N E
D R E E F F O C G N I N R O M
E E Y C O C O N U T L O C M I
T G H U F T Z W D E K A B E L
L N C S G N I R M A J T M L Y
A A N T N I A L P A R I C H K
M R U A I M E B J B T E E W S
U O R R D A E R B T R O H S T
Y T C D E M A D R E G N I G I
T T A T A L A E D I E C I R U
E C G E L H Q C A E S E E H C
I G R I H E V I T S E G I D S
R C N P F W R R E K C A R C I
A A C H O C O L A T E N T D B
V S F R E T A W E O Y T T U N
```

ALMOND	DIGESTIVE	ORANGE
BAKED	FIG	PLAIN
BISCUITS	GINGER	RICE
BROKEN	ICED	RICH
CHEESE	JAM RING	SHORTBREAD
CHOCOLATE	LEMON	SWEET
COCONUT	LIME	TEA
CRACKER	MALTED	VANILLA
CREAM	MINT	VARIETY
CRUNCHY	MORNING COFFEE	WATER
CUSTARD	NUTTY	WHEAT
DATE	OAT	

WASH & WIPE

```
S H T O L C H D D O N O O
P P W P X H F U S F R E W
R B T T A A S R U B B M I
R L S R N T W E L F U I P
S P T M L I G P S I C R E
M L B R U N A F E L K G S
E C E A O D U P B T E T H
S S L P I F G R S H T W S
A W S E F N O E S N I R G
E T O G A O O D O O S A A
R O M R M N U M D E W R R
G S S S K S G W M O E S C
W A T E R P A O S M E S F
```

BROOMS	RUB
BUCKET	SMUDGE
CLEAN	SOAP
CLOTHS	SPONGE
DUST	SUDS
FILTH	WATER
GREASE	WAX
GRIME	WIPE
PAINT	WORK
RAGS	
RINSE	

WATTS UP

```
Z O B S W I T C H A R G E
E G A E S U P O Z H A L P
K A L L O N R L U V E X T
H U C O R D E Z A C O M E
C L S P Y L P E T T I L K
O T S H O B A R E T E M C
M P T F O E I Q Z U B S O
P E L S Z C R O S K O S S
A C O U T A G E B A H F E
N R V R G U N T P O W E R
Y U X G B I L L C M Z Q I
M O P E L O N K E T A N W
L S E P O T N E R R U C H
```

AMPERE	PLATES	WIRES
BILL	PLUG IN	
CHARGE	POLES	
COMPANY	POWER	
CORD	REPAIR	
CURRENT	SHOCK	
ELECTRIC	SOCKET	
HYDRO	SOURCE	
LINES	SURGE	
METER	SWITCH	
OUTAGE	VOLTS	

SHINE A LIGHT 144

```
E E U Q R A M G T D C T O G D
V S R V N E R A I A N L N I O
Z T A C R R I K V E A I E N O
C R T K E L Z L C H L U O C L
A E S M H C Q S E I C K N A F
N E I J T I E P E D X R M N W
D T G X R R G C O I N P A D K
L L N J O T H G I L Y A D E B
E Q A U N C H O U S E B H S S
F Q L N G E K A R B L U C C P
L F M L T L S K R I B L R E I
A N O C A E B P N B U B O N N
S W I T C H R K O R O S T T U
H G E I L K E N O T R O R E P
P O R C H R O O M S T A G E C
```

BEACON	HALO	SEARCH
BLINKER	HEAD	SIGNAL
BRAKE	HOUSE	SPOT
BULBS	INCANDESCENT	STAGE
CANDLE	KLIEG	STAR
CEILING	LAMP	STREET
CHANDELIER	LANTERN	SWITCH
DAYLIGHT	MARQUEE	TAIL
DESK	MOON	TIMER
ELECTRIC	NEON	TORCH
FLASH	NORTHERN	TROUBLE
FLOOD	PIN-UP	
FLUORESCENT	POLE	
GLOW	PORCH	

SOLUTIONS

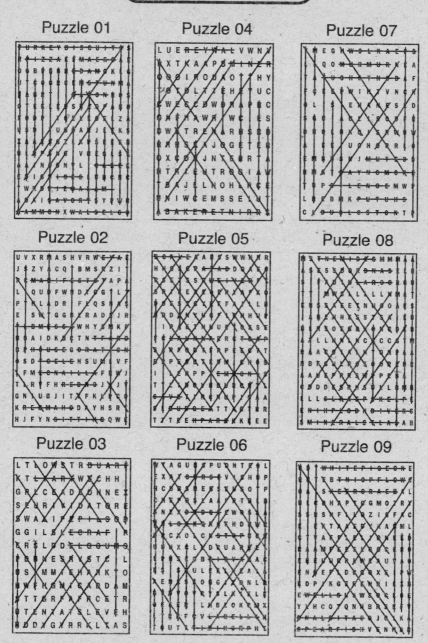

Puzzle 01
Puzzle 04
Puzzle 07
Puzzle 02
Puzzle 05
Puzzle 08
Puzzle 03
Puzzle 06
Puzzle 09

SOLUTIONS

Puzzle 10
Puzzle 13
Puzzle 16
Puzzle 11
Puzzle 14
Puzzle 17
Puzzle 12
Puzzle 15
Puzzle 18

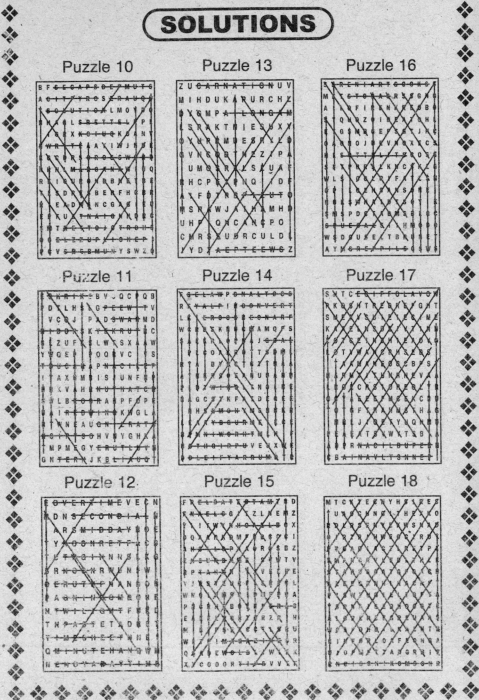

SOLUTIONS

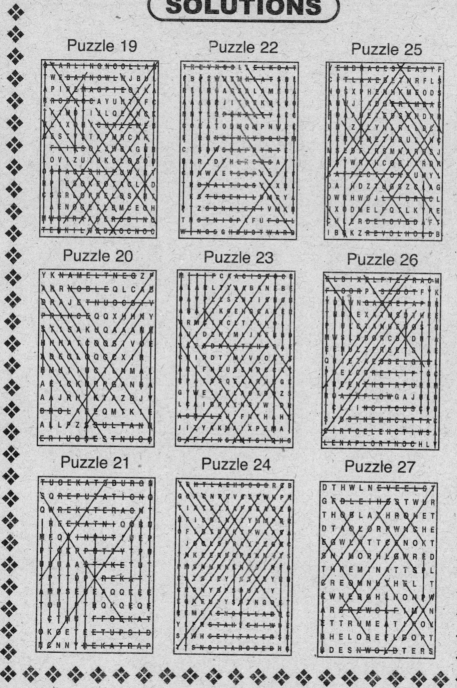

Puzzle 19

Puzzle 22

Puzzle 25

Puzzle 20

Puzzle 23

Puzzle 26

Puzzle 21

Puzzle 24

Puzzle 27

SOLUTIONS

Puzzle 28

Puzzle 31

Puzzle 34

Puzzle 29

Puzzle 32

Puzzle 35

Puzzle 30

Puzzle 33

Puzzle 36

SOLUTIONS

Puzzle 37

Puzzle 40

Puzzle 43

Puzzle 38

Puzzle 41

Puzzle 44

Puzzle 39

Puzzle 42

Puzzle 45

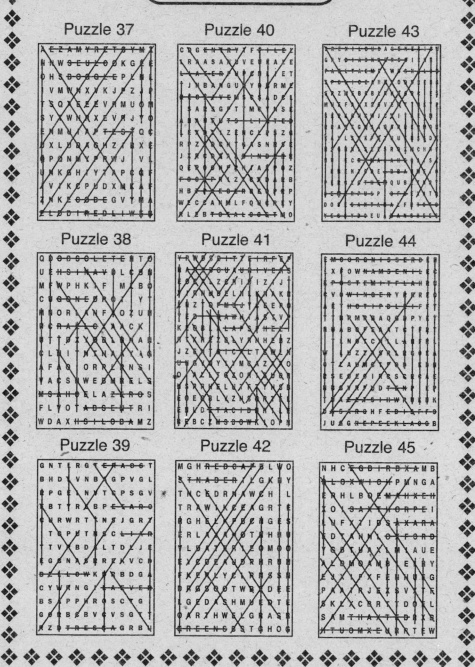

SOLUTIONS

Puzzle 46

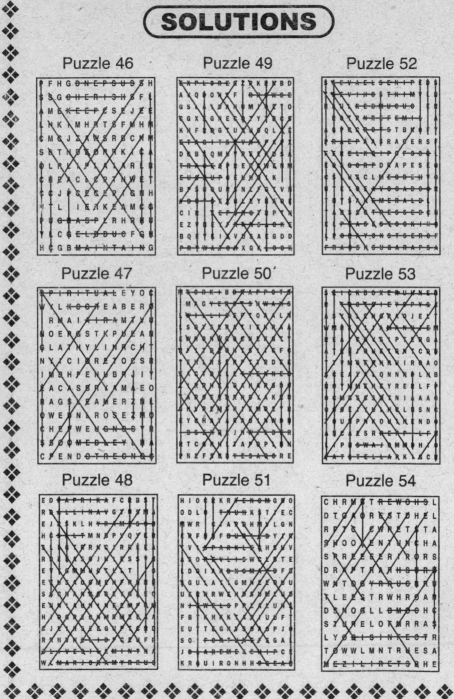

Puzzle 49

Puzzle 52

Puzzle 47

Puzzle 50

Puzzle 53

Puzzle 48

Puzzle 51

Puzzle 54

SOLUTIONS

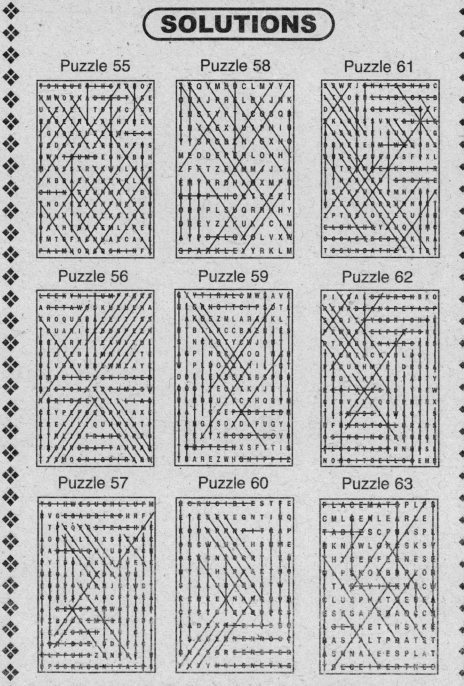

Puzzle 55

Puzzle 58

Puzzle 61

Puzzle 56

Puzzle 59

Puzzle 62

Puzzle 57

Puzzle 60

Puzzle 63

SOLUTIONS

Puzzle 64

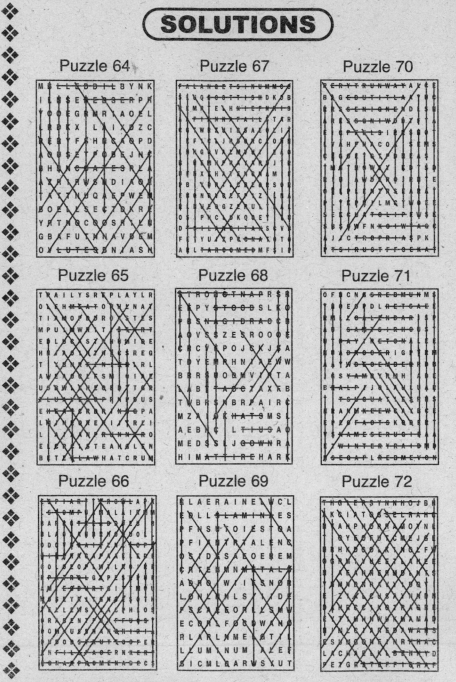

Puzzle 67

Puzzle 70

Puzzle 65

Puzzle 68

Puzzle 71

Puzzle 66

Puzzle 69

Puzzle 72

SOLUTIONS

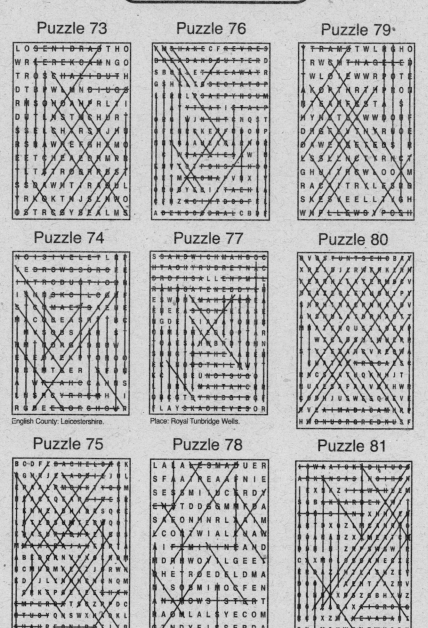

Puzzle 73

Puzzle 76

Puzzle 79

Puzzle 74

English County: Leicestershire.

Puzzle 77

Place: Royal Tunbridge Wells.

Puzzle 80

Puzzle 75

Puzzle 78

Puzzle 81

SOLUTIONS

Puzzle 82
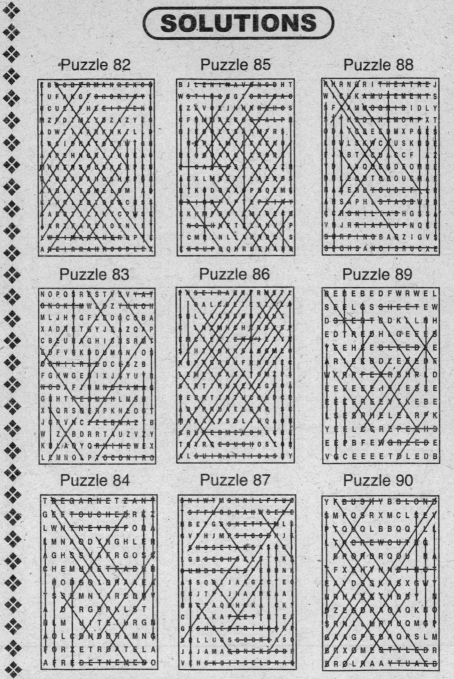

Puzzle 85

Puzzle 88

Puzzle 83

Puzzle 86

Puzzle 89

Puzzle 84

Puzzle 87

Puzzle 90

SOLUTIONS

Puzzle 91

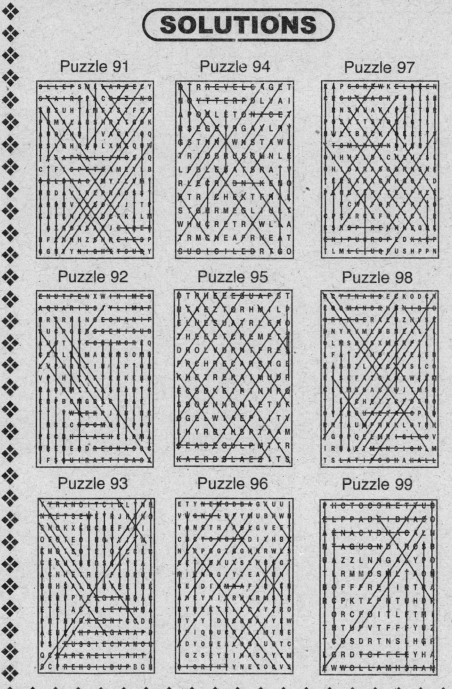

Puzzle 94

Puzzle 97

Puzzle 92

Puzzle 95

Puzzle 98

Puzzle 93

Puzzle 96

Puzzle 99

SOLUTIONS

Puzzle 100
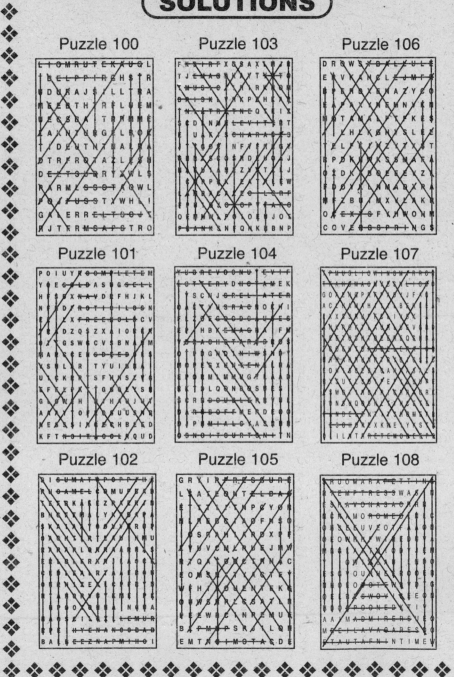

Puzzle 103

Puzzle 106

Puzzle 101

Puzzle 104

Puzzle 107

Puzzle 102

Puzzle 105

Puzzle 108

SOLUTIONS

Puzzle 109

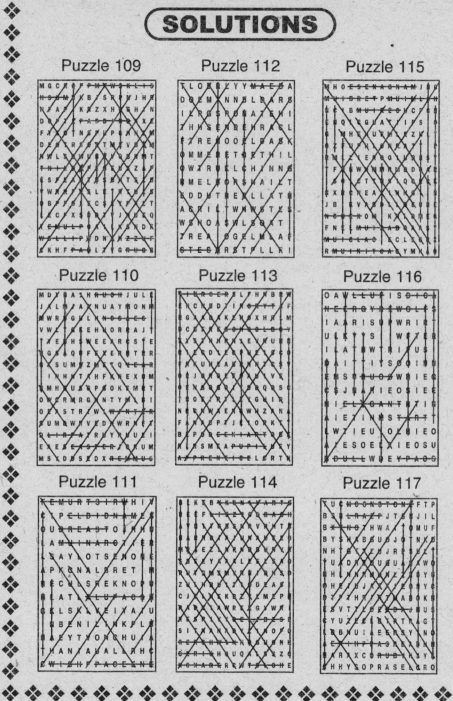

Puzzle 112

Puzzle 115

Puzzle 110

Puzzle 113

Puzzle 116

Puzzle 111

Puzzle 114

Puzzle 117

SOLUTIONS

Puzzle 118
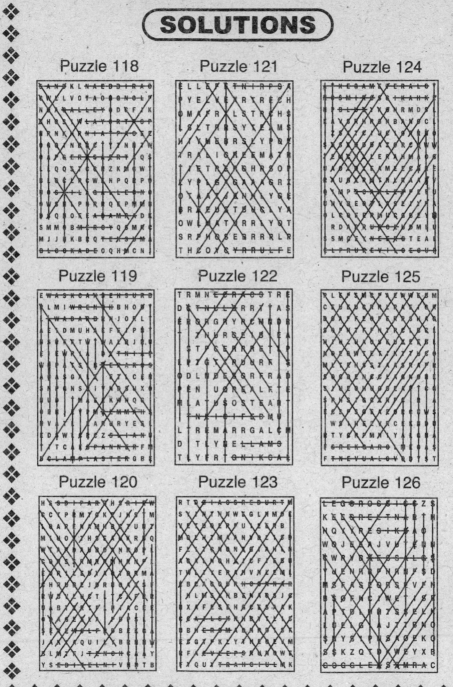

Puzzle 121

Puzzle 124

Puzzle 119

Puzzle 122

Puzzle 125

Puzzle 120

Puzzle 123

Puzzle 126

SOLUTIONS

Puzzle 127
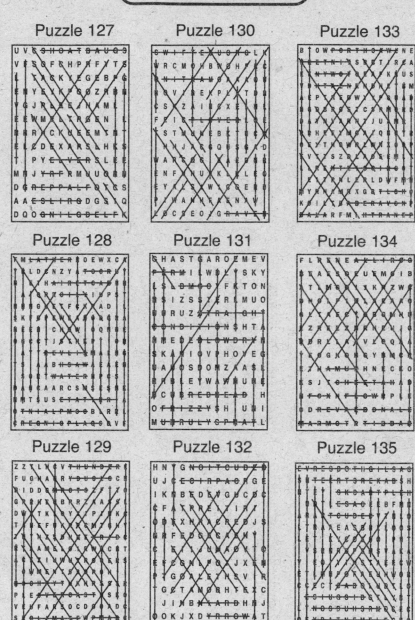

Puzzle 130

Puzzle 133

Puzzle 128

Puzzle 131

Puzzle 134

Puzzle 129

Puzzle 132

Puzzle 135

SOLUTIONS

Puzzle 136
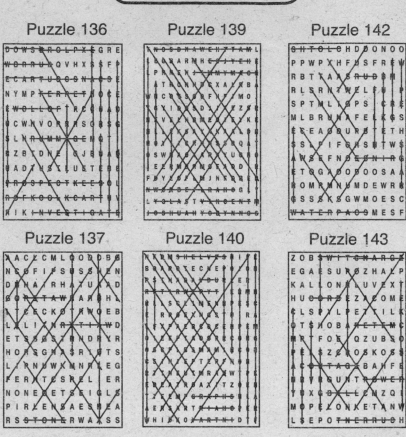

Puzzle 139

Puzzle 142

Puzzle 137

Puzzle 140

Puzzle 143

Puzzle 138
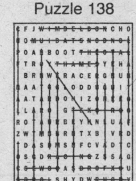

Puzzle 141
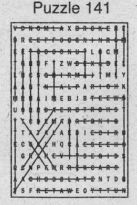

Puzzle 144
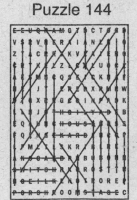